U0627564

メガトレンド 世界の終わりと

大趋势

世界的终结与开始

［日］川口盛之助／著 詹 雪／译

人民东方出版传媒
People's Oriental Publishing & Media

东方出版社
The Oriental Press

图书在版编目（CIP）数据

大趋势：世界的终结与开始 /（日）川口盛之助 著；詹雪 译. — 北京：东方出版社，2018.9
ISBN 978-7-5207-0463-2

Ⅰ.①大… Ⅱ.①川… ②詹… Ⅲ.①世界经济-研究 Ⅳ.①F11

中国版本图书馆CIP数据核字（2018）第155919号

MEGA TREND SEKAI NO OWARI TO HAJIMARI written by Morinosuke Kawaguchi.
Copyright © 2017 by Morinosuke Kawaguchi.
All rights reserved.
Originally published in Japan by Nikkei Business Publications, Inc.

本书中文简体字版权由汉和国际（香港）有限公司代理
中文简体字版专有权属东方出版社
著作权合同登记号 图字：01-2018-4049号

大趋势：世界的终结与开始
（DA QUSHI SHIJIE DE ZHONGJIE YU KAISHI）

作　　者：［日］川口盛之助
译　　者：詹　雪
责任编辑：陈丽娜　刘　峥
出　　版：东方出版社
发　　行：人民东方出版传媒有限公司
地　　址：北京市东城区东四十条113号
邮　　编：100007
印　　刷：三河市金泰源印务有限公司
版　　次：2018年9月第1版
印　　次：2018年9月第1次印刷
开　　本：710毫米×1000毫米　1/16
印　　张：14
字　　数：204千字
书　　号：ISBN 978-7-5207-0463-2
定　　价：59.00元
发行电话：（010）85924663　85924644　85924641

版权所有，违者必究

如有印装质量问题，我社负责调换，请拨打电话：（010）64023113

世界未来趋势

——框架、周期与核心

自 20 世纪中后期以来，不仅未来学家，还有自然科学和人文社会科学家、工程师，甚至政治家、企业家都参与到人类社会未来趋势的探讨中，涉及的领域从科学技术、环境资源到政治、经济、军事、国际关系，从人类本身、地球到空间。至于"未来"的时间范围，少则二三十年，多则四五十年，甚至谈及 21 世纪。所以，相关文献巨量，著作不断问世。以至于，关于人类社会未来趋势的著作，无论其标题如何耸人听闻，读者已视之如常。要想在这个领域的方法、框架、内容，甚至语言上令人耳目一新，着实不易。当年罗马俱乐部《增长的极限》（1972）、托夫勒《第三次浪潮》（1980）和奈斯比克《大趋势》（1982）所造成的冲击波，一时间洛阳纸贵的现象，难以重复。

然而，对于未来的畅想，几乎是人的本能，它即是科学范畴，又超越科学。所以，人们前仆后继地探讨未来世界趋势，日本人川口盛之助（担任以自己名字命名的公司的董事长和 CEO，战略咨询专家）就是其中的一位。他 2017 年 8 月在日本出版《大趋势：世界的终结与开始》。此书共六章，并不复杂。首先在"序章"提出预测未来需要具备哪些能力的问题，进而在第一、二章提出"未来年谱"和"未来信息的集合"关系，以及"全球学者描绘的未来图像总览"。第三、四章则是关于"世界的九大趋势"的反复描述。最后一章，即"终章"，作者将九大趋势之间的关系，置于一个"知识平面"的框架中加以整合。

这本以讨论 2050 年世界图像为主题的专著，还是有其不同凡响之处：

1. 未来趋势的宏观框架

若将未来趋势理解为一个体系，以时间长度为依据，可以分解为短期、中期和长期，也可以依据不同的领域，将其专业化和多样化。而在趋势的体系中，最值得思考的是"大趋势"（Mega Trands），长程的、历史性的、跨领域和部门的"宏观"趋势，亦即决定趋势的"趋势"。

本书作者探讨了"大趋势"的框架——"知识平面"，包括了工学、生物化学、医学、心理学、哲学、政治学、经济学等学科。这个"知识平面"可分为四个象限（Quadrant）：物理、生理、心理、经理。

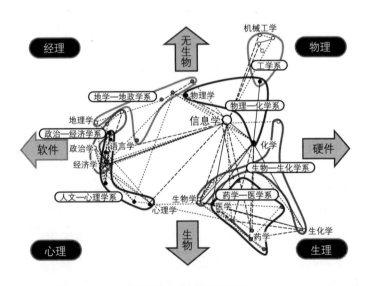

知识平面（学问的社会图谱）

具体来说，第一象限属于物质世界中的"物理"范畴，长久以来被作为时代主角的工学技术群体所占据，例如机械工学和电子工学等；第二象限属于揭示"生命之理"的"生理"范畴，今后主要是生物学（医学、药学、生理学、生物化学等）的天下；第三象限属于"心理"，集结了与精神相关的学问；第四象限借用"经理"一词，体现"人类各种行为之间关系"。其中下半部分，即第二和第三象限，"是由控制人类硬件（右）与软件（左）的生理和心理范畴组成"。在四个象限间，则是"信息学"，将两大自然科学群体与左半边的人文社会科学系统联系在了一起。值得注意的是，"数字技术的威力正极大影响着左上象限中的社会科学领域，而这一领域所思考的问题是组织与社会的存在方式"。作者所希望的是以这个"知识平面"的四个象限为大方向，阐明推动世界不断进步的机制，即"原理"。

　　作者进而指出："在上述四个象限（物理、生理、心理、经理）中，至今取得最多技术进步的领域就是物理的世界"（本书第200页）。自英国主导的第一次工业革命到美国推动的第二次工业革命，基于化学工程学、机械工程技术和电子控制技术等技术体系，帮助人类在生产和生活中节省了人力。但是，这类技术的开发速度正在缓缓降低，很难再有重大的新发现，甚至可能走向停滞状态。摩尔定律所展现的物理极限问题，就是一种最通俗易懂的证明。人类社会已从物理技术混合型进入生物系技术群，即从第一象限转入第二象限。技术主战场从物理主导的第一象限向生理主导的第二象限转移的一个标志性事件是：1956年，发明了晶体管、被称为"晶体管之父"的威廉·肖克利（William Shockley）获得了诺贝尔物理学奖；2012年，成功制成诱导性多功能干细胞，被誉为"新一代生物产业之父"的山中伸弥博士获得诺贝尔生理学或医学奖。之后，知识群进而向第三象限移动。这一感性区域，长期以来为心理学家、哲学家、占卜师、宗教学者、文学家和艺术家等心灵专家们的洞察能力和灵感所掌管。如今，通过信息处理的计算能力侵入，触发人类大脑的接点，导致"大脑/心理的革命"。最终的第四象限，所要实现的是"组织与社会的开放革命"。

　　以上基于"知识平面"的四象限分析，确实触及了宏观"大趋势"。人类社会原本建立在人与自然的紧密结合之中，形成相应的社会关系，并形成对自身生命和心理现象的朴素却真实的观察体系。只是因为工业革命，人类遭到异化。现在，正通过"生理""心理"和"经理"，完成更高层次的回归。

需要指出，本书提出的"知识平面"，即四象限框架，都是非立体和非动态的。如果希望更接近真实的宏观"大趋势"，其分析框架应该是多维和动态的。在这方面，还有深入探讨的空间。

2. 未来趋势背后的历史周期

作者在本书"序章"中开宗明义提出：思考未来问题时，首先需要了解"生命周期"的概念。他十分推崇表现人和生物成长的 S 形曲线（sigmoid 曲线），认为 S 形曲线适于广泛应用在其他领域。进而，作者通过"技术的生命周期"和"社会成熟的生命周期"，以及国家荣盛兴衰与技术的关系，证明 S 形曲线的现实意义，将"周期"和 S 形曲线的概念引入到思考和预测未来领域。这是值得肯定的。确实，从自然界到人类社会的经济、技术、政治和社会，都呈现出明显的"周期"和 S 曲线现象。例如，近现代以来的"商业周期"就是经济活动的事实。当然，作者最为关注的是"技术周期"，并将"技术周期"分解为"萌芽期""成长期"和"成熟期"。

作者回溯了 19 世纪末至 21 世纪前 20 年这一历史过程的技术发明与进展：1890 年至 1910 年的技术代表：留声机、放映机、电话、电灯、汽车；1960 年至 1980 年的"模拟电子技术"；1990 年至 2000 年的"数字化技术"。他也特别强调了，1995 年后的 10 年，是云服务（Cloud Service）和社交网络（SNS）蓬勃发展的 10 年。雅虎、亚马逊（1994）、谷歌（1998）、领英（LinkedIn，2002）、Skype（2003）、脸书（2004）、YouTube（2005）、推特（2006）等著名的互联网企业都创立于这 10 年间，并且都发祥于美国。"今后，引领未来时代的核心技术或许将集中于生物与脑科学领域"。不仅如此，作者非常在意所谓"黑科技"颠覆未来的可能性，例如，核聚变、超导、量子通信与量子计算的发展前景。

本书用了不少篇幅讨论"社会成熟的生命周期"问题。为寻求"富裕程度与价值观成熟度的关系"，他设定了诸如"安全卫生""经济成长""人均寿命""人均收入""法治程度""腐败认识程度""民主化程度""人权尊重程度""社会贡献度""男女差距""教育指数""报道自由"等指标，将世界主要国家"社会的成熟度"分为五个等级。从结果来看，北欧诸国以及荷兰、德国、奥地利等政治上属于西欧的国家处于高水平。美国虽然同为富裕的发达国家，但是，其和平指数和收入差距指数基本与中国持平。新加坡和中东主要石油国家，在经济指数上甚至高于西欧诸国，其他重要指标远未达到发达阶段。日本就收入和生活水准和品质而言，可以与北欧相匹敌的，在女性参与社会方面却明显落后。

作者认为，参照近代史的发展，可以知道在人与国家的成熟过程中都存在一定的顺序与轨迹。21世纪，以亚洲为中心的新兴国家的迅速成长，其实在本质上是重复一条把"经济成长"放在第一位的模式，之后需要经受高速化经济生命周期的洗礼，否则不足以实现向成熟社会的转变。其中，作者特别指出一个成熟社会的个人成熟期与其归属的"社会整体的成熟度是相呼应的"。

至少从上个世纪开始，关于"周期"的研究，渗透到自然科学和社会科学的不同学科，形成了不同的流派。例如，在经济周期研究中，有"朱格拉周期"（Juglar Cycles）和"基钦周期"（Kitchin Cycles）提出的相对短期周期理论，也有康德拉季耶夫（Nikolal Kondratieff, 1892–1941）的"长波"周期理论。此外，熊彼特（Joseph Schumpete，1883–1950）是最早和最系统地关注和探讨"技术周期"及其对经济影响模式的经济学家。在罗斯托（Walt Rostow, 1916–2003）所创立的"经济成长阶段"理论中，"技术"因素的影响占有不可忽视的地位。

值得肯定的是，本书作者将技术周期与未来趋势的研究联系在一起，甚至认为，技术周期的结构直接关系未来趋势的结构。但是作者并没有明确界定"技术周期"的时间长度，从其周期时间倾向上看，更注重地是以10年为一个区间的"周期"，以2025年、2035年、2045年作为每个时间段的节点。问题是，即使进入技术创新急剧加快的时代，10年对于"技术周期"而言，还是偏短的。

3. 人的改变是未来趋势的核心

本书的绝大篇幅用于对"九大趋势"的论述，它们分别是：关于成熟的发达国家衰落、新兴国家崛起和经济成长陷阱；关于国家管理制度与市场原理的矛盾；关于可持续价值观；关于后工业化时代"制造业的服务产业化"演变；关于数字信息技术的破坏力；关于社会开放化、扁平化以及工作方式的变革；关于人类的精神和肉体的未来状态，人类"超人化"。

其中，第九个趋势最为重要，因为人的改变是未来趋势的核心。纵观全书，关于人本身的改变，集中在增加人类的健康寿命和提升人体能力，主要依据的技术包括：（1）生物工程技术，像作为分支的再生医疗，实现人工改变基因排序，或是对像 iPS 细胞等级的生命体进行操作，补充或强化人知觉类的工作和脑神经的机能，让人可以如同机器人那样更换内脏器官。将人类所追求的健康长寿、美容和防止脑机能老化等梦想变为现实。（2）人类的数字智能化，通过云网络不断尝试与大脑建立直接联系，直接连接人的大脑中最具价值的信息源。为了获取具有价值的生命体信息，传感器类产品正不断紧逼人类的身心。据说，一旦脑间通信技术实现类似于心灵感应的交流行为，可通过大脑刺激程序来控制脑内快感与不快感的荷尔蒙平衡。进一步而言，人类大脑所感知到的东西，人类的内心世界，可以通过基于大数据的统计处理和 BMI（脑机接口）等技术手段，实现针对脑部活动的解析。

作者断言，至 2045 年左右，通过再生医疗等手段，人类的肉体自身将得到进化，无限延长寿命不再是梦想。与此同时，人工智能得到极大发展，大脑与数字空间的连通性将取得飞跃性的进步，心灵感应那种大脑之间的通信将成为可能。甚至把感情和人格数字化后的人类分身，都有可能实现。不仅如此，人在肉体殒灭后，其人格还能在网络上作为化身继续存在。人类的身体和心灵正向异次元进化。

总之，虽然作者关于人在可见未来的改变的方方面面，并没有太多的原创和新意，但是作者强调，人的改变意味着未来趋势主体的改变。可以说，讨论未来趋势，作为主体的人本身是前提，这个主体发生任何改变，所有的未来趋势理所当然地要随之改变。

4. 乐观论与悲观论的比较

讨论世界未来趋势，终究无法回避所谓的乐观与悲观的倾向问题。本书总的倾向是乐观，但是作者在描述世界九大趋势过程中，混合了乐观与悲观的理念和依据。

关于乐观论：（1）社会组织构造和价值基准都正在经历着巨大且急速的质变。因为信息的非对称性体系已经崩塌，人、物、金钱和信息的流通速度发生了飞跃性的提升，共享经济和扁平化社会、开放社会将开始全面实现。（2）民族国家体制和市场的角力结果发生了变化，市场原理将凌驾于民族国家制度之上，国家政策变成了一种企业行动。官与民的界限将逐渐模糊。（3）城市和特区为作为经济与政治的基本单位，以及地方自治体开始成为潮流。（4）工作方式的变革，"个人"的意向已经变得越来越强大，从在一家公司干一辈子到按需上岗的时代正在来临。企业通过按需调配多样性的人才，加速企业的创新进程。（5）可持续发展的价值观是今后社会发展的一大趋势，千禧一代和良心消费一代登场。"消费即美德"时代结束，可持续发展才是王道。（6）生物技术进步，蛋白质、核酸等有机高分子生物材料的发展，加速"人类的健康长寿"，且推动人类"超人化"。人类思想的沟通和生命观等方面都将发生巨大的变化。以基因工程为核心的生物科技，还可以应用在人类以外的动植物和微生物方面，也可以使用在粮食和燃料的增产、医疗与再生器官等方面。（7）数字化导致从人的大脑到周边环境、汽车、工厂、农场，以致都市空间都数字化、智能化。伴随着传感器和识别算法的发展，虚拟世界和现实世界的坐标重合不再是科幻。资源调配的渠道变得更为丰富。"IT革命"一词已经显得非常陈旧。（8）以亚洲为中心的新兴国家结构性地脱离了贫困，中产阶级大幅增加。（9）传统国际结构失灵，WTO（世界贸易组织）等国际贸易和经济合作组织陷入功能不足境地，于是，产生诸如G7（七国集团）、G20（二十国集团）、FTA（自由贸易协定）和EPA（经济合作协定）等具有很多重合关系的国际组织。(10) NGO 时代来临。NGO 已然在全球范围内网络化，成功推动国际问题的解决。(11) 产业革命正在走进社会科学领域。价值的创造源从自然科学转向人文社会科学领域，刺激"智慧革命"。在极度追求创造性的知识社会中，好奇心作为一种超级知性的能力，日益成为人类智慧中枢的资本材料和未来经济的关键之处。

关于悲观论：(1) 旧体系逼近极限。例如资本主义的极限、民主主义的疲软、国家制度存在破产，以及联合国机能的不完善等。(2) 随着代孕、器官移植、变性手术走向成熟，家人、性别和朋友关系等角色模式 (Role Model) 发生变化，女性开始真正地参与到社会，"食草男""肉食女"，还有第三性的人群逐渐增多，人们对于性别的角色分担意识越来越模糊，个人、企业与社会面临调整。(3) 由于发达国家大面积地步入老年社会，战后婴儿潮一代依靠着储蓄金与退休金生活，而面向年轻人的财富再分配却没有及时跟上，不同年龄层间的差距越拉越大。少子化和老龄化问题上，社会与政府需要背负沉重的社会成本负担。到 2035 年左右，发达国家会因为医疗保险和退休金而陷入财政危险境地，背负沉重的社会压力。(4) 能源、资源、水和粮食等各种资源不足问题，在 2045 年左右变得最为严重，人们将迫切需要通过新技术来解决这些难题。(5) 新兴国家历经快速发展阶段之后，贫富差距问题、环境污染、安全和公共卫生等问题逐渐凸显。其中，贫富差距最为严峻，只有中等以上收入阶层方能享受医疗高度进步的成果。为了确保水和粮食，以及保证稳定能源与产业资源，新兴国家压力不断增大。如何提高能源利用效率？如何面对食品不足和资源枯竭？这样的情况不断蔓延，将演变成世界范围内的忧虑。(6) 从用户角度出发的"人性化设计"正在迅速普及，但是，今天所看到的"人性化设计"并没有推动以人为本的时代到来，反而是以"我"或者说以"自我"为中心的时代到来了。(7) 如果人类具备获得新生的能力，很可能将不再对子孙繁衍抱有很高兴趣。甚至导致未来社会对投资热情转向淡漠的可能性。(8) 不管是发达国家还是新兴市场国家，都存在价值观体系分裂、人文关怀需求与供给的滞后等问题。社会的成功者选择的不是变革而是维持现状，后者有利于固化既得利益。

在作者看来，关于未来趋势的乐观与悲观的倾向，虽然受到相关学者、科学家和工程师的血缘和出身地域差异的影响，更与学科有着紧密的关联性。自然科学家倾向乐观，社会科学家则倾向悲观。具体来讲，理工科学者认为"自己创造的新技术将会开创美好的未来"，今后的种种问题都可以依靠科学技术来解决，宣扬"乌托邦论"；而人文社会科学者则"在零和博弈的世界观下坚持悲观论调"，不断提出诸如人口增加而带来的食品不足等资源匮乏问题、全球变暖等问题，相信未来是世界末日。特别是，至2045年左右，从21世纪初就呈现爆发式增长的世界人口趋势也将趋于平缓，世界主要国家到了需要为富裕、长寿支付与社会保障制度相关代价的时候。不仅如此，作者还认为，"专家学者也有普通人的一面"，他们都有内在的价值取向和情感特征，在他们探讨未来趋势的时候，不可避免地抱着"我希望能这样"的愿望。也就是说，作者不认为存在绝对客观的未来趋势的推论与判断。

值得指出的是，作者忽视了：（1）在理工科学者群体中，存在强大的悲观派。例如，在人工智能前景方面，悲观派甚至常常处于上风。（2）在文科学者中，也不乏"乌托邦论"的支持者。（3）相比较乐观论，悲观论对历史影响更为深刻。以罗马俱乐部的《增长的极限》为例，固然其中的不少观点、论据都存在不够严谨的问题，甚至其结论也不为相当多的专家学者所赞同，但是，正是这个报告开启了人们严肃对待环境和资源问题的历史，甚至可以认为，世界各国政府和民众所形成"可持续发展"的共识根源于此。

最后，请读者注意，作者自认为此书是"从那些对社会构造和人类价值观产生巨大影响的主题资料中，抽取具有代表性的主题元素，筛选出"闪光点"，重新整理其中的逻辑关系。"为此，川口盛之助选出了2010年前后有关未来趋势的六本书，其作者都是各个国家的学者从自己"最擅长的领域"发出的预言。（1）［挪威］乔根·兰德斯著，《2052：放眼未来40年的一项全球预测》；（2）［英国］〈经济学人〉杂志，《大转变：2050年的世界》；（3）[美国] 乔治·弗里德曼著，《未来 100 年大预言》；（4）[法国] 雅克·阿塔利著，《21 世纪的历史：未来人所看见的世界》；（5）[新加坡] 马凯硕著，《大收敛：膨胀的中产阶级将改变世界》；（6）三菱综合研究所，产业、市场战略研究本部编著，《全预测：2030 年的日本》。应该说，这六本书均值得一读。

　　总之，只要人类存在未来，未来趋势的预测就会继续下去。只是，预测的方法、框架和模式都要适应这个不仅不断加速度，而且高度发展化的人类社会。如果说，人类社会向"后人类"社会的转型已经全面开始，那么，关于世界未来的预测从本质到形式也都要实现根本性转变。在这方面，人类智慧所面临的挑战是严峻的。

朱嘉明

2018 年 7 月 28 日

目录

前　言

近来，市面上出现了不少预测未来的书籍。事实上，在书店的商务用书分区中，我们也能看见很多以"20××年"为题的书。无论是全球各界的专家，还是有名的调查、研究机关，各行各业的智慧都被调动起来，一起来描绘一幅21世纪的社会蓝图。

那么，现在为什么要预测未来呢？笔者想，或许是有很多人开始认为"前景不明"吧。这其中的背景，在于我们的社会正在经历着多项巨大且急速的质变。

充满矛盾的未来

伴随着大数据、人工智能和机器人等技术的发达，我们不禁开始担心人类的工作是否有一天会被它们夺走。另一方面，再生医疗和基因治疗又能进一步延长人类的寿命。如果我们长生不老，那么，本该留给孩子一代的预算就会在自己活着的时候用掉。社会构造正在急剧变化。我们可以发现，制造业的产业服务化越来越明显，共享经济和扁平化社会、开放社会等现象也在接连出现，组织构造和价值基准都在发生着巨大的变化。

只要抬眼看一看这个全球化的世界，我们就会发现超越国境的人、物、金钱的流动性正在逐年增高。强大的市场原理吞并了国家，国家也开始采用企业的操作方式进行管理。发达国家踏步不前，新兴国家势头正猛。前者苦恼于少子化问题，后者则为人口爆炸而头疼。新兴国家国内的社会差距越来越严重，而它与发达国家之间的经济差距却着实正在缩小。人们虽然十分担心正在全球范围内扩张的恐怖主义，但是全球的旅游业却正以前所未有的势头蓬勃发展。

面对各种各样的矛盾，媒体不断宣扬着旧体系的极限论。例如资本主义的极限，民主主义的疲软，国家制度存在破产，以及联合国机能的不完善等。的确，如今的情况要比过去复杂许多。

外国的月亮比较圆

在这样的背景下谈到日本的未来，几乎全部是坏消息。比如说，地方自治体将会崩溃，退休金和保险等社会保障资源面临枯竭，日本还有1000兆日元的负债，国家财政早晚要破产。至于2020年东京奥运会之后的情况，那就更是不容乐观。

如此令人恐慌的未来正在向日本逼近，然而为什么政府却要醉心于日元升值对策呢？尽管政府断然推行金融宽松政策，甚至不惜强行实施负利率政策，但是日元仍在不断被买进。总而言之，正是因为外国的月亮比较圆，世界才会陷入这样令人苦恼的境地吧。甚至可以说，就算是现在势头正猛的亚洲新兴国家，也很难确保它们的未来就一定是明朗的。

就韩国来讲，尽管它拼命地追赶日本的脚步，在赶上来之前也显出了疲态。而若单论追赶的速度，中国等国家倒是更快。但是，中国目前也出现了疲软态势，一些制造基地已经开始向 ASEAN（东南亚国家联盟）进行转移。在国家的产业基础达到完备之前，老龄化问题已经出现，我们把这种现象称为"中等收入陷阱"。并且，国家的成长越是迅速，其成长周期就会越短，紧跟其后的负面影响也会更加强烈。接下来，韩国和中国将会切实体会到来自社会保障的巨大压力，而这种压力是日本无法比拟的。此后，同样的社会构造，也会出现在追赶韩国和中国的东南亚国家。

对比预测未来的书籍，看清社会变化的大方向

尽管我们面临着这样严峻的情况，但近年来确实也有很多新兴国家的经济稳步成长，甚至能够影响到全球的经济形势；同时，世界的经济结构也因此变得更加复杂。从结果来看，也许我们可以认为，世界经济前景将更加难以捉摸。为了解开这一难题，世界各国、各领域的专家们都从自己的专业角度进行了精密的分析，给出了各自的预测结果。在此基础上，甚至还诞生了以这些第一手信息为核心，再加工编辑的二次创作——预测未来记事等作品。

从这些书中取出一本来看，或许它还具有相当的说服力。但有时候，这本书的预测结果和其他书里所写的完全不同。假如按照多数表决的方法对这些各种各样的未来图景进行归纳，得到的结果也完全称不上是理论性的东西，而只不过是一幅对未来的空想图罢了。

本书并不是这样"汇集各路专家意见的预测未来"的书。当然，笔者已经阅读了很多预测的书籍，但并不打算以它们为基础来描绘一幅具体的未来图景。笔者想要做的，是从能够对社会构造和人类价值观产生巨大影响的主题资料中，抽取出具有代表性的主题元素，以揭示九大独特的社会趋势。可以说在我们思考生活与事业的未来之际，正是这九大社会趋势，将在各个领域给我们带来极大的影响。

想要完成这项工作，首先需要对现有的关于未来的信息进行收集、通读。之后，从中筛选出"闪光点"，重新整理各点的逻辑关系，以逻辑叙事重新编排。这是一项需要数年才能完成的庞大作业。对于日常工作已经十分繁重的读者们来说，这基本上是不可能完成的任务。因此，在本书中，笔者作为读者的代表，认真完成了这项工作，并尽力以通俗易懂的方式为大家呈现工作的结论。

本书结构

本书共由 5 章内容组成。首先，在序章中，笔者对预测未来的研究方法进行了说明，之后，作为研究的基础知识，将会尽量以简洁的方式对历史的发展脉络进行梳理。第 1 章，笔者将世间流传的关于"20××年的问题"汇总在一起，按照不同领域、不同年代对它们进行分类整理，并对此项实验结果进行阐释。第 2 章，笔者精选世界各地不同领域专家学者的著作，通过对比阅读，可以发现"专家们的内心世界"。这些著作虽然被大家称为名著，但是通过分析就能看出来这些都是作家们"一边忖度读者的阅读心理，一边使用理论进行高度武装的、充满感情的论著"。此后，第 3 章和第 4 章对九大趋势的各项内容进行了介绍。终章则从大局出发，回顾这九大趋势内容，并对它们所带来的整体启示加以考察。

九大趋势

在这里，笔者将对九大趋势的内容进行简单的介绍。前三个趋势，主要围绕成熟的发达国家和逐渐兴起的新兴国家展开。大多数发达国家，都为以少子化和老龄化为代表的成长放缓问题而头疼不已。其中，日本因社会保障的负担增加而对未来抱有强烈不安，国家可能会采取各种形式的总动员，例如通过提高女性和老年人对社会的参与度、充分利用机器人、接受移民等方法来应对国难。为促进产业结构升级、提高生产效率，人们的工作方式、价值标准势必也将发生明显改变。

另外，迎来人口红利期的诸多亚洲新兴国家，虽然在理论上可以欣喜于自己的快速成长，但实际上在不远的将来，它们也将面临同样的问题。在人、物、金钱、信息高度流通，但是其生命周期却逐渐缩短的情况下，后进国家的成长越是迅速，它就要付出成长时间越短的代价。从结果上来看，很有可能就会变成"国家的基础尚未得到稳固，少子化和老龄化问题却已经突显"的局面。在这种情况下，日本不仅可以在基础设施需求等"经济成长期特需品"的方面提供支援，在环境污染和安全卫生等被新兴国家置于经济之后的负面问题上，同样可以提供相应的解决之策。

第四个趋势，围绕着国家管理制度与市场原理的矛盾展开。近年来，国家开始倾向于像企业一样依靠经济原理进行运转，例如，国家会出面引导本国的货币贬值，下调法人税，以及通过诱人的条件来吸引投资移民和技术移民。然而，对于穷尽一切方式以合理化手段来追求高收益的跨国大企业来说，国家又要求它们承担一定的公共机关的责任，即企业社会责任，因此官民间的功能界限开始变得模糊。处于这种趋势前端的企业将以何种形式继续存在，未来它又将扮演怎样的角色，笔者也将就此展开思考。

第五个趋势，就可持续价值观的抬头进行探讨。伴随着人口的爆发性增长以及人们生活水平的提高，世界各地都为有限的资源即将面临枯竭而担心不已。我们是否就要面临水、食物、能源和产业等资源的争夺战了呢？另外，"乐活（LOHAS）"和"良心消费（ethical）"的概念正在年轻人的群体中逐渐扩展开来，这种价值观不再把消费当作美德。从中又将诞生怎样的商业机会，笔者将在这一节就此进行探讨。

在第六个趋势中，将对有关制造业服务化的话题进行梳理。发达国家的制造业，目前呈现出生产技术商品化和国内生产空洞化的状态。与农业的 6 次产业化相似，今后制造业的发展目标也是实现价值链整合的综合服务产业化。笔者认为，未来的制造业模式，将在生产外包、专注开发型、应用操作型、金融保险型和广告代理型等模式中展开。

第七个趋势，将对以 IoT（物联网）和 AR（增强现实）为代表的数字信息技术的破坏力进行考察。伴随着汽车导航系统和智能电网等技术的发展，现实空间逐渐被 IT（信息技术）所包围，因而也诞生了新型的数字商圈。从大厦到城市，从工厂到农场，大型空间在趋向电气化的同时，我们人体自身的电气化进程也在不断加速。本节将就从中诞生的商机和价值观的变化展开思考。

第八个趋势主要是关于社会构造大变革的可能性，它将会以开放化和扁平化的方式展开。伴随共享经济不断发展，业务流程开始外包，从业人员倾向自由化，一切事物都成为可按需求进行调配的单位。因此，传统的既得利益不断被破坏，企业和劳动者的关系也将发生变化。本节将对职场即将大变革的开放社会进行探讨。

最后的第九个趋势，将探讨人类的精神和肉体的未来状态。生物技术与机械电子技术以竞争的姿态不断对人类身心发起冲击。基因治疗和器官再生能够进一步延长人类的寿命，而机械电子学不仅能够成为我们身体的帮手，甚至还能辅助、强化我们的感觉器官与脑神经系统的工作。在身、心都进化到一个新的层面之后，人类又将谋求什么呢？

怎样使用本书

预测未来绝不是一件容易的事情。明日的股市预测和天气预报尚不能做到完全准确，更不要说预测明天上司的心情如何。但是，尽管不能做到准确的预测，我们还是可以从更高的视角出发，俯瞰世界，用普遍机制来解释现今发生的一切。

例如，"一切将按需供应"就是一条普遍机制。IT 资源通过云服务实现虚拟化；物品转为租赁或共享；通过智能电网，电力可以按需求供应；至于劳动力，更是可以实现众包；公司业务可以不用自己来做，只要进行 BPO（Business Process Outsourcing，即"业务流程外包"，以下简称"外包"）即可；资金不足，也可以通过众筹来筹集；汽车方面有拼车服务；住宅共享让私人房屋变成旅馆。如果把"一切将按需供应"视为一种普遍机制，那么我们就能把眼前的种种信息都当作素材，来验证一切是否都符合这条假说。

在某领域已经司空见惯的事物，在其他领域或许就会成为崭新的、先驱性的模本。当然，其中或许也存在相反的例子。大趋势的存在意义也正在于此。换句话说，大趋势可以表明价值的存在方式将要如何变化，提示我们将要出现的大型变化潮流。理解这一点，我们就可以把假说置于头脑的一角来过日子。这样，每一个单独的场景将会被其中存在的逻辑连接起来，我们也很有可能从中发现某种新的价值。可以说，这其中的每一小步，都是我们预测未来的片段。

序章　预测未来需要具备哪些能力

在思考未来问题时，首先我们需要了解一个所谓生命周期的概念，它将是我们思考问题的一个重要出发点。生活中，我们经常使用S形曲线（sigmoid 曲线）来表现人和生物的成长情况，如烧瓶里微生物的生长速度，昆虫和老鼠的繁殖过程，以及人类的人口增长情况。

令人不可思议的是，这种S形曲线还可以被广泛地应用在许多其他领域当中。例如，它可以用来表现各种可供长期使用的消费品的普及率，或者是新产品的推广情况，在很多的商业现场，同样可以见到它的身影。

此外，在一些彼此毫不相关的领域中，这种曲线也频繁出现。例如，我们可以用它来表示学习曲线、错误收敛速率、医药品的投入量和药理效果的关系、传染病的死亡人数和新发现的元素数量，等等。据说，如果想把艺术家一生在各个年龄段创作的作品数量也用表格来展示的话，这种S形曲线也同样适用。确实，人的一生或许就是一个S形曲线。身高和体重这种肉体的成长自不必说，心灵的成长，或许也是按照这种形状发展的。

世界第一的宝座和技术的关系：不进则退

记住这个 S 形曲线，我们现在来思考一下国家的成长过程。从下面图 1 主要国家的人均 GDP（国内生产总值）变化图中，我们就能发现引领各个时代的主角变迁史。连接现代的西洋黄金时代，始于 15 世纪后半期的大航海时代。从葡萄牙、西班牙再到后来的荷兰，主角的宝座依次更替，而荷兰则把这段历史称为"光荣的 17 世纪"。世界第一家股份公司——荷兰东印度公司，通过其在亚洲殖民地的经营，收益颇丰，荷兰也终于成为世界第一大海洋帝国。

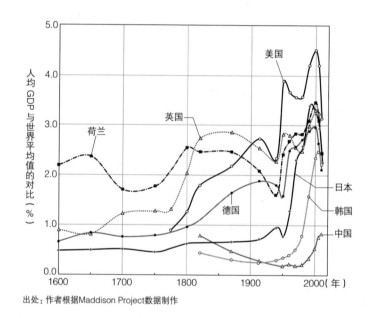

出处：作者根据Maddison Project数据制作

图 1　国家富裕程度的历史变迁

当时，支撑荷兰贸易的创新产品是一种被称为福禄特帆船的新型帆船。阿姆斯特丹和鹿特丹承担了这种速度和承载量都十分优秀的福禄特帆船的制造、销售和维护工作，因而它们也一举成为第一大工业地带。据说，当时席卷世界的荷兰船队能够运输的物资，是其他欧洲各国加起来的 6 倍之多。但是，由于蒸汽机的发明，荷兰被其他国家从时代主角的位置上拽了下来。

18 世纪末，成功进行产业革命的英国坐上了主角的宝座。1776 年，蒸汽机进入实用阶段，第一次工业革命取得成功。19 世纪 60 年代，曼彻斯特曾被称为"世界工厂"，由棉纺织业带动起来的工业生产兴盛一时。然而，凭借强大的海军和对国际金融的支配能力来维持世界秩序的不列颠治世终于在 19 世纪走到尽头，引领第二次产业革命的美国和德国渐次成为世界中心。

20 世纪初，伴随着内燃机和电动机实现了量产，日常消费品种类日渐丰富，人们切实感受到了科技带来的变化。1908 年，福特 T 型车实现量产；1889 年，美国通用公司（General Electric Company，简称 GE）的前身——爱迪生通用电气公司（Edison General Electric Company）成立。此后，历经 20 世纪前半叶的两次世界大战，美国稳坐时代主角的宝座，并一直持续至今。

接下来，终于轮到日本登上历史舞台。日本曾经在第二次世界大战后的半个世纪内，一举超越大部分发达国家，成为引领世界经济的国家。1955 年，象征着日本经济腾飞的索尼（SONY）晶体管收音机"TR55"开始发售；1979 年，初代"随身听（TPS-L2）"问世。这些产品都是装有高密度模拟电路的终端设备；1989 年，只有护照大小的摄像机"Handycam（CCD-TR55）"问世，它不仅受到消费者的热烈欢迎，而且还是这类电子产品的集大成者。

对于日本人来说，所谓的经济高度成长期是指 1955 年后约 25 年的时间，这基本相当于是从收音机到随身听的时代。接下来，一直到 1990 年经济泡沫破裂，日本经济虽然呈现 S 型成长，但也逐渐迎来了经济减速期，而机械电子学的集大成者——摄像机 Handycam 的出现，则如最后的烟火一般给日本经济的迅速发展画上了句号。可以说，索尼公司在机械电子学技术领域淋漓尽致地发挥了自己的实力，它的活跃表现与日本的经济成长轨迹基本是一致的。

此后不久，技术的主角就逐渐变成了数字、电子工程学。2001 年，美国苹果（Apple）公司开发的 iPod 击垮了随身听产品，而索尼的"特丽珑（Trinitron）"彩电也逐渐演变为计算机的液晶显示器，其产地也慢慢转移到韩国和中国台湾。20 世纪 80 年代，独占八成世界市场的 DRAM（动态随机存取存储器）、液晶板、DVD 播放器和硬盘驱动器等电子产品，把当时被称为"新兴工业化经济体（Newly Industrializing Economies, NIEs）"的地区推上了时代主角的宝座。数字技术容易复制，并且逐渐呈现模块化发展。因此，它的出现实际上促进了商业结构的国际化分工。

在此基础上，人、物、金钱、信息的流动性逐渐增强，而商品推广的 S 型生命周期却急剧缩短。这样一来，日本的高科技产品很快就被其他国家和地区迎头赶上，最终衰退下来。然而，在追赶日本的韩国周围，还有中国等新兴势力也在努力追赶。以三星电子为首的韩国数字型企业，很快也会经历与索尼相同的命运。正如图 1 所示，韩国的发展基本上沿袭了日本的老路，只不过比日本晚了 30 年左右。日本的劳动人口比例在 1990 年迎来高峰，接下来老龄化问题就逐渐暴露出来，而韩国也于 21 世纪头十年的中期遇到了同样的情况。现在，各国经济都呈现出减速的征兆，而此后，我们很快就会为人口负债现象而头痛不已。

在时间流转比较缓慢的时代，虽然国家的成长需要一定的时间积累，但其衰退也相对来得晚一些。然而，战后的明星——日本仅仅经过一代，也就是 30 年的时间，经济就开始停滞；之后的新型工业国家更不用说，时间已经迫在眉睫。虽然日本的养老金问题已经十分严重，但是对于韩国和中国台湾来说，它们尚未建立起包含养老制度在内的完善的社会保障体系，经济发展又在放缓，不久还将进入少子化和老龄化社会，因此，它们要面临的情况更加严峻。

继新兴工业化经济体之后，中国和东南亚诸国迎来了自己的经济成长期，但是它们也难逃"越是后来居上，生命周期越短"的宿命。也就是说，这些国家虽然拼命追赶发达国家的脚步，但是在经济成长还未惠及社会全体之前，它们又会被其他国家不断追赶；在面对各种问题的同时，国内的少子化和老龄化现象也逐渐浮出水面，社会构造将会面临严峻挑战。换句话说，这些国家和地区将在社会资本极大充实、人民享受富裕生活之前，就将迎来自己的经济衰退期。

20世纪60—80年代，美国经济曾经遭遇日本和德国的猛追，虽然它曾一度显现颓势，但就像火箭的二次点火一样，美国又重新找回了自己的活力，把其他国家远远地甩在后面，保持了社会的极大富足。在这一过程中，IT与软件技术领域的巨大成功发挥了重要作用。

在核心技术从电机、机械电子技术领域转移到模拟电子技术领域之时，日本通过高密度安装（Sip）实现了产品的轻、薄、短、小，从而提高了产品的竞争力，一时成为产业核心技术的主导。但是，到了20世纪90年代，核心技术已经转移到数字领域，而日本却没能赶上这第二波潮流，最终把时代的宝座拱手让给了新型工业化经济体诸国。对于日本来讲，一直以来都是自己追赶欧美国家，但却从来不是被人追赶的对象，由于缺乏经验，发生这样的事也实属无可奈何。

然而，实际上在这一时期内，下一波更为强烈的时代潮流已经蠢蠢欲动。那就是IT与软件／系统技术。美国就是因为切实抓住了这次机遇，终于成功夺回了世界宝座。从图1中我们也可以发现，美国的经济实力已经达到了"世界平均水平的4倍之多"，这是一个令人感到惊讶的数字，也是此前任何一个时代主角都从未达到的水平，可以说，美国目前依然维持着世界霸主的地位。

技术的生命周期

至此，笔者主要阐述了引领各个时代的不同国家与其时的核心技术的关系。从一系列的例子中，读者们或许已经理解到：正如国家会有荣盛兴衰一样，在技术领域同样也存在生命周期。如图2所示，我们也可以利用S形曲线来表示技术领域的生命周期。

前文提过，发生在机械和电气领域的连续创新已是100年前的事情。到了20世纪中叶，模拟电子学、机械电子学成为引领时代的核心技术，而日本也因此坐上了时代的宝座，掌握了财富与自信。

到了现在，由于 IT 信息服务领域最容易产生创新，因此该产业备受瞩目，资金与人才也源源不断地注入其中。1995 年后的 10 年，是云服务（Cloud Service）、SNS（社交网络服务）蓬勃发展的 10 年。雅虎、亚马逊（amazon.com，1994 年）、谷歌（Google，1998 年）、领英（LinkedIn，2002 年）、Skype（2003 年）、脸书（Facebook，2004 年）、YouTube（2005 年）、推特（Twitter，2006 年），等等，这些著名的互联网企业，都创立于这 10 年间，并且都发祥于美国。它们是美国抓住时代机遇的果实，也正是由于它们的存在，美国的富裕程度才能如图 1 所示，展现出如火箭二次点火般的强大后劲。

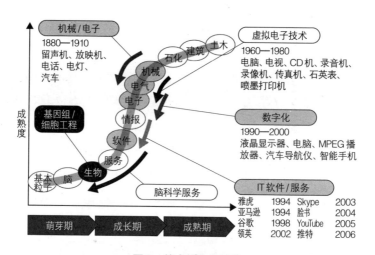

图 2　技术的生命周期

今后，引领未来时代的核心技术，或许将集中于生物与脑科学领域。我们注意到，近年来，包含 iPS（诱导性多功能干细胞，Induced pluripotent stem cells）在内的干细胞与脑机接口技术（Brain-computer interface）等新型技术要素正在不断取得进步。这些技术要素基本相当于电子工程学领域的晶体管元件。1956 年，曾经发明了晶体管、被称为"晶体管之父"的威廉·肖克利（William Shockley）获得了诺贝尔物理学奖；2012 年，成功制成诱导性多功能干细胞的山中伸弥博士获得诺贝尔生理学或医学奖，这项科研成果足以让他获得"新一代生物产业之父"的殊荣。可以看出，目前技术的主战场已经从物理的"理"转向生理的"理"了。

在肖克利获诺贝尔奖的前一年，索尼公司的便携式收音机就实现了量产，这项成果可以说是领先全球。在这里，笔者不禁再一次为索尼的迅速动作感到惊异。从最初的第一步到领先世界，索尼一直保持了自己的优势地位，此后，索尼相继开发了一系列新产品，如 1968 年的特丽珑彩色电视机、1979 年的随身听和 1989 年的摄像机 Handycam。与此相似，今后，在或将成为第二索尼的企业群体的带领下，采用细胞工程学技术的再生医疗产业也将迎来自己的兴盛期。

当然，技术创新也很有可能发生在相对成熟的领域，如在土木工程领域兴起的水力压裂法（hydrofracturing）就是其中的典型例子。美国的 GHK（天然气公司）公司专注这项技术的研发，从研究到走向实用，总共花费了 40 年的时间。

尽管存在这样的事例，但在商业领域，却并没有发生如眼下兴旺的网络服务一般、每天变换着花样的新型商业模式革命。此外，在合成化学领域也是一样。新型工程塑料（Engineering Plastics）、低分子化学合成工艺的大型医药品每年推出新品越来越困难，可以说在新型原材料开发的最前线，业界已经面临着资源枯竭的问题。

除了像页岩气这样的例子，在已经迎来成熟期的土木与建筑领域中，依靠电子装配手段给建筑结构增添附加值已经成为业界主流。高楼大厦已经成了智能型建筑，用最近的流行语来说就是大楼配有 HEMS（家庭能源管理系统）、BEMS（建筑物能源管理系统）、FEMS（工厂能量管理系统）和微电网（Micro-Grid）。时代的主流观念认为，只有配置了能够提高能源使用效率的智能化处理设备，这栋建筑才具有较高的附加值。将此类智能化扩大后就是智能电网，在此基础上加上安保系统就能得到智慧街市，或者说是智慧城市或智慧社区。

像这样被称为智能化或 i 化的数字化操作，实际上是一种肉眼看不见但在电脑上可见的"可视化世界"的作业。受数字化影响，我们最近总是想把周遭发生的一切事情都当作计算对象进行可视化操作。通过把它们数字化、编入方程式等手段，预测未来就成为可能，我们也能从对未来的不安中解放出来。以前的传感网络（Sensor Network）和普适计算（Ubiquitous），还有今天我们所讲的 M2M（机器间通信）、O2O（从线上到线下），以及 IoT（物联网）和 AR（增强现实）等，实际上都是一脉相承的，都是意图将空间数字化。

此前，机械领域已经受到数字控制的影响，机器也基本实现了 NC（Numerical Control，数字控制，简称"数控"）化操作。例如，以内燃机为关键部件的汽车是模拟电子技术的典型代表，然而当汽车的直接成本中近半数份额被智能系统所占据。可以说，如今自动化机械中有大半产品都由数字信号进行控制，数字化的潮流正在逐渐从大厦、城市向农田等空间扩展开来。

另外，在空间层面之外，数字化的影响也波及了人类的身心层面。通过计算机，就可以解读生物的真正身份——基因的排列顺序；关于如何把脑电波和生物体内的信号转换成数字信号的技术开发工作也在顺利推进。正是这些电子技术和信息处理技术，支撑着刚刚迎来萌芽期的生命科学体系的进步。如此，电子信息系统技术不仅与其他所有领域的技术息息相关，并且还发挥着支撑其他领域的重要作用。

脑科学、生物技术等领域目前尚处于萌芽期，企业专注于利用自身技术优势开发、生产有竞争力的产品。想预测这类领域的未来，应该从技术进化及其所带来的可能性（实现哪些功能）角度多加思考。与之相对，在已经成熟的旧有技术领域，推出产品或服务时需要更多地考虑客户需求。与革新旧有技术本身所带来的附加值相比，智能化、数字化所创造的新功能更具价值，应该予以重视。

颠覆未来的"黑科技"

至此，在用 S 形曲线讨论技术的生命周期理论时，作为处于萌芽阶段的科学，我们对脑科学和基因组、细胞工程学等研究人类硬件、软件的技术领域进行了探讨。

然而，在广阔的自然科学世界中，未来还有很多尚未开拓的领域等待我们去探索。其中，有四大系统技术将给我们带来深远影响。以下，笔者将一并介绍给大家。它们是与能量和信息的操作手法（产生方式与传导方式）息息相关的技术；从技术领域上来说，它们也与量子和元粒子的操作技术存在共通之处（表 1）。

梦之发电：核聚变

核聚变发电一直以来都被人们称为梦之发电。由于"能够得到庞大的能量"、"燃料从海水中就能获取，且成本低廉，不用担心资源枯竭问题"、"从原理上来讲不存在失控的危险，也不会产生高危的放射性物质"等原因，核聚变具备了作为理想能量来源的先天条件。如有一日它真正实现，那就等于说我们人类掌握了取之不尽用之不竭的能量。因此，核聚变发电具有极大的、改变世界的潜力。可以认为，核聚变发电不仅与诸如资源枯竭、全球变暖、海上通道防卫、贸易赤字等诸多社会问题密切相关，它还是一项能够撼动目前世界各国实力平衡的技术难题。

表 1　量子、元粒子系统内的黑科技

	产生系	传导系
能源	核聚变 （未来的核聚变）	超导 （未来的常温超导）
信息	量子计算	量子通信 量子暗号

梦之输电：超导

在能量传输方面，作为改变世界的技术之一——高温超导，是量子力学实用化的典型例子。能够在液氮温度（-196℃，77K）以上以超导状态进行传输的材料，我们把它称为高温超导体。目前，超导临界温度的世界纪录是-120℃（153K），2013年，日本产业技能综合研究所成功研发了含有汞元素的氧化铜超导体。

在日本，地方发电站生产的电力会传送给城市地区，而这一过程中将会损耗掉约5%的电力。这一损耗常常被人用来作为热电联产或是现场（on-site）发电必要性的证据，然而一旦室温超导成为现实的话，这些论争就将失去意义。不仅如此，伴随着超导临界温度的不断提升，通过太阳能发电，从撒哈拉沙漠毫无损耗地向北欧输电的计划，看起来也并不是天方夜谭。我们甚至可以预见，如果这种技术也能应用于芯片的配线结构当中，就能抑制计算机的温度升高，从而大幅度提高它的性能，如此，其产生的影响就不仅仅是节电这么简单了。

梦之信息处理：量子通信与量子计算

在信息处理和信息传输方面，人们也一直对"量子信息通信"的领域抱有期待，这种技术利用的是与以往全然不同的物理现象。我们今天所使用的信息通信技术，是利用电和光波来处理信息，而量子通信则是利用了电子和光等物质的粒子性质来进行工作；从这一点上来说，量子通信与我们现在使用的技术存在巨大的差异。量子信息也被称为量子比特（bit），它不仅包含0和1两位数值，还包括它们的叠加状态。

利用量子信息来工作的量子计算机，能够在多种信息叠加的状态下同时进行运算，这一性质让它赢得了与普通计算机完全不同等级的处理能力。有人曾经从理论角度预言，通过利用量子的三个基本性质——"量子叠加"、"投影测量"和"量子结伴"，我们至少就能在三个方面进行创新。

（1）可以进行从理论上来讲能够被证实的、不可解读的、极致隐秘的通信（量子密码学）。

（2）可以进行超越了香农（Shannon）提出的通信容量定理界限的超高速通信（量子通信）。

（3）可以进行大幅超越超级计算机运算能力的超高速信息处理（量子计算机）。

在计算速度的领域中存在摩尔定律（半导体的集成度＝其性能会在18-24个月内成倍增长），在信息通信领域中存在吉尔德定律（主干网带宽每6个月增长一倍），这两条定律已经广为人知，并且一直以来被世人认为已经接近物理的极限。不过，若是超高速的量子信息通信和量子计算能力能够以较低的价格实现应用，那么不难想象，所谓信息通信的概念就要大变样了。

在传统的利用电与光波进行信息处理的领域中，尖端技术开发的脚步已经渐渐放缓，这与技术的S形曲线正中央的"电子－信息"领域的商品化和停滞密切相关。一旦这个领域出现突破的话，其后的发展又将是另一番天地。

至此，前文所列举的四大未来系统技术群，都属于与量子或原子核相关的技术领域，它们所处理的是与此前截然不同的微观世界的物理现象。虽然想要达到商用层次还存在许多困难，但是通过它，从理论上对其他领域的未来进行预测还是可以做到的。然而，我们还是很难想象，当充裕的能量和信息处理能力能够以便宜的价格为人类服务时，我们的日常生活又将变成什么样。

目前，这类技术还不太可能实现商用目的，也很难产生什么商机。并且，即便在图2所示的所有技术的生命周期（S形曲线）中，它们所处的阶段甚至还未到萌芽期。但是，物理学家很有可能在明天就有新的发现。那时，它将给本书中所描绘的未来光景带来无法估量的影响。

社会成熟的生命周期

一般来讲，人一旦变得富裕，花起钱来就会"大手大脚"。有人开始追求名牌的装饰品和汽车，有人则进出高级餐厅、环游世界，享受奢侈的生活。期间，有人也会开始追求一定的社会地位，对本地商会、工会的职务产生兴趣。人首先要求满足食欲、物欲、权力欲望等私欲，走上暴发户的道路。当私欲得到极大满足就会走向衰竭，此时，人们的关注点又会转移到教养和社会贡献等能够给精神层面带来满足感的东西。

这样的过程用心理学术语来说叫作"遵从了马斯洛需求层次理论"。这种假说是指，人的需求层次是按照"生理需求→安全需求→社交需求→尊重需求→自我实现需求"的顺序逐渐递增的。在图4中，我们以日本人均 GDP 的增长曲线为基准，可以观察到目前亚洲诸国和地区的人均 GDP 数据分布。

马斯洛理论本是一种关于个人成熟与否的理论解释，但是由于社会是个人的集合，因此同样表现出类似的行为，我们也可以用此理论解释社会的"成熟度"。一个国家在逐渐走向富裕的过程中，如果用马斯洛理论来解释它的需求层次，那么其结果如下图所示。

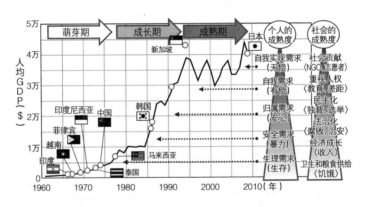

出处：人均GDP数据分别来自世界银行（1979年以前）、国际货币基金组织（IMF）
（1980年以后）

图3　富裕程度与价值观成熟度的关系

初级需求是人们对水与粮食这类与生存息息相关的物品的需求，执政者必须首先保证向国民稳定提供这类需求产品。一旦这一层次得到满足，接下来国民就会要求提高收入、确保安全、确立防止贪污腐败的法治社会。当成熟度达到更高层次，国民就会参与到民主的政治体制与人权保障等社会问题中去。最后，国民会把对全世界人类做出贡献当作自己的义务，他们会积极参加到与地球环境、世界和平、科学的发展与福祉等有关的活动中去。集团性的单位并不只有国家。从自治体的领袖、企业的总经理到一家之主，凡是管理组织的领导，都有与此价值观相对应的义务。

当然，即便是在贫穷的国家，不仅存在富裕阶层，还有即便贫穷也愿意无偿奉献的爱心人士。然而，从整体的倾向来看，其社会整体达到富裕程度的成熟阶段越长，社会中就有越多的年轻人愿意加入 NGO（非政府组织）或作为志愿者为社会贡献自己的微薄力量。也就是说，一个人的人生是一个短暂的生命周期，而他的成熟期与他所归属的社会整体的成熟度是相呼应的，这样我们的成熟进程就会不断向前发展。与此阶段相对应，人们所追求的商品的性能、服务的内容也会随之成熟。

图 4 是这种情况可视化、区域化的分布图。以数值表示的社会环境，从左到右依次是安全卫生→经济成长→法治程度→民主化程度→人权尊重程度→社会贡献度，其中，越往右，社会的成熟度越高。也就是说，如果按右边的项目来看，其等级越高，那就可以解释为这个社会就越成熟。纵轴的评价基准，是把约 150 个国家的成熟度进行排名，从第 1 名开始，其指数达到前 20％的属于第 5 级，达到 40％的属于第 4 级，这样依次类推，总共分有 5 个等级。

所谓的发达国家，并不仅仅是指"富裕"这么简单，它的概念中还包括男女差距较小，国民积极参加志愿者等活动，愿意为社会做出贡献的元素。因此，这里是基于这样的假说来评价发达国家的。从结果来看，在所有指数中都处于高水平的是北欧诸国以及荷兰、德国、奥地利等政治上属于西欧的国家。虽然同为富裕的西方发达国家，美国的情况就和西欧大不相同。从图 4 中可以看出，美国的和平指数和收入差距指数基本与中国持平，而其他方面却与北欧国家不相上下。

此外，新加坡和中东的石油国家（卡塔尔及阿拉伯联合酋长国等）在经济指数上可以说已经凌驾于西欧诸国之上，但是从图4来看，它们还远未达到发达阶段，只能说还处于幼年期罢了。日本在所有指标中都实现了能与北欧相匹敌的高水准、品质生活，但是在女性参与社会这一方面却明显落后于人。从欧美的角度来看，这一点是日本社会最大的弱点，也是日本欠发达的证据。其次，从向联合国儿童基金会捐款比例来看，日本捐出的总额不算少，然而细分下来，来自民间的资金比例还很低，这说明日本社会的真实情况是——民众意识尚未达到成熟阶段。所以，从整体上讲，日本的成熟度处于发达国家的末尾、新兴国家的首位这样一个比较尴尬的位置。因此，今后日本社会的发展趋势大概会是这样的：女性开始真正地参与到社会中去；社会奉献意识也不再只是政府上层的事情，而是需要深入民心，真正根植于个人意识，形成良好的社会氛围。

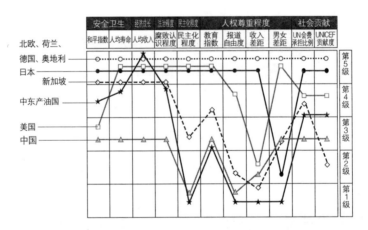

出处：本图各项数据由笔者统计、分类，其中：和平指数与民主化程度出自杂志《经济学人》（The Economist），人均寿命指数出自WHO（世界卫生组织），人均收入指数出自国际货币基金组织（IMF），腐败认识程度出自透明国际组织（Transparency International），教育指数与收入差距、联合国会费承担比例出自联合国，报道自由度出自无国界记者团，男女差距出自世界经济论坛，联合国儿童基金会（UNICEF）贡献度出自联合国儿童基金会公布的数据。

图4　各国的发达程度比较图

日本社会确实正在发生着变化。例如，近年来，日本的NPO（非营利组织）法人数量急剧增加。日本的国家财政对社会的影响正在逐渐弱化，而社会对于民间企业却抱有强烈的希望，希求企业能像公共机关一样进行透明化的经营，并通过奉献社会、CSR（企业社会责任）等方式对财富进行分配。因此，今后日本社会将以各种各样的形式探索官与民的角色分担，国家与企业的界限也将变得模糊不清。这正是强大的市场原理促使国家的职责走向稀薄的表现。笔者认为，或许像NPO、NGO（Non-Governmental Organization，非政府组织）这类处于国家与企业中间位置的机构团体，将会成为对商业模式展开思考之际不可或缺的主要角色。

综上，参照近代史的发展，我们就能看出在人与国家的成熟过程中，都存在一定的顺序与轨迹。21世纪，以亚洲为中心的新兴国家一齐迅速成长。它们正在模仿新加坡和中国，重复一条把经济成长放在第一位的成功模式。正如日本在高速成长之后迎来了急速的老化，这些后发展国家也将受到高速化经济生命周期的洗礼。因此，在我们希望预测未来之时，切记要注意到这种社会的成熟过程。

如何梳理各种预测未来的理论——15000条信息和100多本专业图书

至此，笔者根据S形曲线对技术与社会的成熟过程进行了解释。这是由于我们在思考未来的大趋势之前，有必要把作为基础知识的历史脉络梳理清楚。接下来，我们就要正式进入与未来有关的具体话题当中。作为方法论，我们首先有必要对各个领域中所谈及的未来信息进行收集、整理，我们的信息来源主要有两大类。

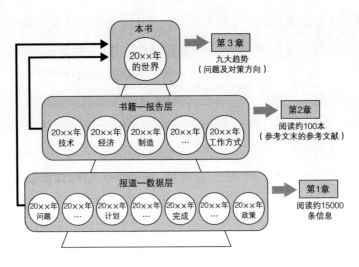

图5 导出大趋势的原始数据

直接收集"20××年的问题"——集合智慧型

第一来源，就是每天在媒体上大量传播的零碎信息。典型例子就是像"到2045年，人工智能即将超越人类智慧"这种"20××年的问题"类型。这类信息常常鱼龙混杂，既有像"2027年磁悬浮中央新干线即将通车"这种有关预定计划的话题，也有像"2060年世界末日，人类即将灭绝"这种迷信的传言。如此，假如我们尽可能地把世间流传的各种20××年的问题都收集起来，按照一个最合理的脉络把它们编辑成一个故事，会怎么样呢？

笔者一开始就这样简单粗暴地做了。在通览了收集来的15000条信息后，以对多数派的意见优先选择的方式，笔者把它们集合成了一个故事，当然这其中有很多相互矛盾的内容。故事的结果将在第1章进行公布。

精读全球学者的名作全集

除了收集这种庞大的零碎信息，还有一种信息来源是由权威学者和研究机关编著的预测未来的书籍。世界上有名的经济学者和地缘政治学者们都有出版自己对未来的建言书。科学家和技术人员也对打开新世界的科技领域有充满创造力的描述。经济、金融领域的研究机关和咨询机构等也会经常发布业界的预测报告。通读这些书籍，也是一种梳理信息的方法。实际上，笔者通过精读其中主要的 100 余本，已经对各个领域所讲的未来社会问题和相应的对策方向有了一个整体的把握。

在这些预测书籍中，其作者分别从各自的领域出发，凭借丰富的专业知识，向读者展示了一幅精心描绘的未来风景图。然而，令人遗憾的是，这些专家学者都陷入了一个共通的失败模式。权威学者，自然会对专业领域展开精细的分析，但是他们常常会在书写过程中走向极端，踏进自己专业领域之外的地方，并给出了一个粗略的未来预测结果。在这些专著中，如果是在作者并不熟悉的领域或专业外的部分，常常能够看见一些令人啼笑皆非的预测报告。

更进一步，笔者还发现了专家们的一个癖好。如果单独阅读每个预测结果可能很难发现，但如果把不同领域的预测进行比较，内容上暂且不提，就能发现字里行间常常渗透着作者当时的心情。我们暂且抛开那些精细的分析内容不论，其实专家学者也有普通人的一面。在书中，有很多部分能够看出其作者是抱着"我希望能这样"的愿望来写就的，令人意外的是，这部分内容并不占少数。由于这类专业书籍既有丰富的专业知识，又有高格调的理论武装，读者可能很难摘出这部分内容。关于这种情况，将在第 2 章中进行详细说明。

在此基础上，笔者将在第 3 章及以后的章节中，从上述原始信息出发，为读者总结出改变世界的九大趋势，从而详细解读最重大的未来世界的社会问题以及相应对策的大方向。

第 1 章　未来年谱——未来信息的集合

通过检索网页，我们很容易就能得到与未来预测、施政方针、政策计划等相关的各种信息。如果特意把以"20××年发生某事"为题的、带有年号的新闻按时间顺序集合起来，我们就有可能编写出各个领域（科技、经济、政治、军事等）的未来发展之路。在带有年号的未来大事中，既有像"××年的问题"这种对令人不快的事情进行警告的新闻，也有像"××即将完成、实现应用"这类比较明确的新闻。

这类信息，一般都出自企业的新闻稿、政府（官方）的计划书、名人的评论等，作为新闻被刊登于各种媒体，并被保存在网上。此外，日本的文部科学省等部门有时会公布对未来的预测报告书，财经专业杂志也会经常刊登有关未来预测的特约新闻稿。如果我们使用一些整理、汇编信息的策展网站（curation site），就能很方便地收集这些带有年号、与预测未来有关的网络新闻。本书中，笔者所使用的源信息主要源于以下两个网站。

年表 .com

（http://archive.is/tMMa2）"关于 20×× 年的问题总结"（到调查时间 2015 年 5 月截止，此项服务现已终止）。

从 2016—2045 年，符合条件的新闻数量约为 545 条，其中包含诺查丹玛斯（Nostradame，16 世纪法国籍犹太裔预言家）的世纪预言以及像机动战士高达（日本动漫作品）的发展史这种科幻故事中的情节。因其与本书中探讨的内容不符，故在此摘去，剩下约 450 条新闻是本次研究的主要对象。

博报堂——开放、未来、生活综研

（http://seikatsusoken.jp/futuretimeline）"未来年表"

该网站上从 2016—2045 年符合条件的新闻有 15000 余条（截至调查时间 2015 年 5 月）。这家网站网罗各个媒体所刊载的带有年号的预测新闻，甚至包括一些地方性的报纸。因此，从数量上来说新闻量是比较庞大的。由于其中包含像"×× 市即将建设一家癌症中心"这样比较地方性的新闻，因此笔者从中选取了约 600 条对本研究比较重要的条目进行分析。

通过对以上约 1000 条源信息进行话题分类，并按照时间顺序重新统计排列，笔者将其整理为可采用和弃用两大类别。如有相互矛盾的内容，则以多数意见优先为准则进行筛选。

这些信息可以按话题分成三大类："科技的变化""资源与环境问题的变化"和"宏观的动态、政治、经济变化"。

在有关科技的话题中，笔者又把它们细分为"运输工具的新技术""电子信息技术""生产技术""医疗生物技术"四大类进行考察。按时间顺序，笔者则以每 10 年为一个区间，对截至 2025 年、2035 年、2045 年的三个时间段所要发生的变化进行说明。

在 15000 余条新闻中，约有大半都是有关近 10 年的信息，因此按时间顺序分类，信息量呈递减状态。上述三个时期（2016—2025 年，2026—2035 年，2036—2045 年）的新闻数量比约为 100∶28∶6.5。其中，在近

10 年与未来有关的信息中，有的是商品开发计划或有关基础设施建设、施行方案等政策类的新闻，笔者对这部分内容进行了大幅删减。

科技变化 1：交通运输新技术

在运输工具领域，汽车是绝对的主角，新闻话题有大半都是围绕着汽车的电动化与自动行驶展开。在汽车之上，还有包括铁路、海运、飞机和宇宙开发在内的大型运输系统，相反，小型的运输系统则包含机器人和无人机等类别。

2016—2025 年

在此期间，机器人领域的发展中心将限定于搬运和扫除用的机器人，它们的驱动形态将是车轮式和多脚式。能够两脚行走的通用机器人还不太可能实现商业用途。另一方面，动力服和手术用的辅助型机器人即将全面开花，而智能型机器人将在无人机和汽车领域有所进展。由于汽车领域的制约因素相对飞机来说比较多，因此其发展场景将局限于高速公路等。

电动汽车（EV）方面，电池性能将会成为它的发展瓶颈。用途上，电动汽车可能会被限定于都市交通等方面，但是两轮或三轮的短距离运输用电动汽车将会取得长足发展。在船舶与航空方面，很难出现耀眼的新突破。然而，新兴国家的发展将会带来急速成长的市场。此外，在宇宙开发领域，新兴国家将自主推进本国卫星的开发进程，而发达国家将会进入登月时代。

2026—2035 年

这一时期，智能型警察与护士型服务类机器人将会进入人们的日常生活。无人机与无人驾驶汽车将会得到大范围的普及，它们将会频繁地出现在我们的视线中。在航空运输市场，商品化的海外旅行将会更加成熟，由于廉价航空（LCC）的航班次数大幅增加，飞行员人数不足的问题将会暴露出来。无人操纵的货物运输机可能会开始试运行。另外，飞跃平流层的超高速飞机将会开始投入使用，它将为人们带来接近宇宙旅行的体验，而民间的宇宙经济也将引起人们的关注。

2036—2045 年

进入这一阶段，机器人将变得更加考究，人类的体力劳动则有很大一部分可以省去。在高强度、高污染、高危险的工作环境中，人类的身影将逐渐消失。电动汽车与自动驾驶汽车将会进入普及期，超过半数的新车都将变成这类车型。宇宙方面，人类将会在月球上建立常驻基地，而载人飞船则会在月球与火星之间往返穿梭。

科技变化 2：电子信息技术

在电子信息技术领域，计算机 – 人工智能将会成为人们关注的中心话题；IoT（物联网）用的传感器、个人数字助理（PDA）和显示器等个别科技单品，也将引发人们的关注。在今后的几年中，有关 IT（信息技术）服务市场的规模预测将要占据各种预测的大半江山。在有关服务市场的话题中，也有大半都是与此类似的话题，因此，它们不过是与 IT 相关的热门词汇的罗列罢了。

2016—2025 年

个人数字助理机将在这一期间成为热门话题，眼镜型和手表型的终端开发将在此期间内基本完成。显示器也是一样，4K—8K 等高精度显像自不用说，全息摄影和自由视点等新型画面表现手段，也很有可能在未来的 10 年内达到实用阶段。但是，人们对此后更新型的画面表现方法并不抱有热切期待，这不禁让人觉得，这一领域自身已经作为一个整体逐步达到了完成阶段。

IT 服务市场今后也将大幅扩展。目前已经登场的相关用语如：IoT（Internet of Things，物联网）、游戏化（Gamification）、VR（虚拟现实）、AR（增强现实）、商务智能（Business Intelligent）、云服务（Cloud）、大数据、O2O（从线上到线下）、定位服务等，其实大半都是大家耳熟能详的词语。其中，电子商务市场的发展是新闻媒体最为关心的。在接下来的 10 年中，笔者预想，电子商务将会全面碾压线下零售业。

今后，在电子信息领域中的技术开发层面，人们期待人工智能会给业界带来强有力的冲击。目前，各种预测结果错综复杂，想要把各种技术层面的预想归为一体是比较困难的，但是如果非要说的话，在今后 10 年中，人工智能应该可以达到考上东京大学并根据声音进行自动翻译的程度。

2026—2035 年

在第二个 10 年间，计算机的能力将会迎来长足进步。具备与人类同等程度的人工智能即将完成，它将会在经营、政策决定等高精度业务操作领域中取得突破。不仅如此，人工智能甚至能够理解人类的感情。此外，有关将人类大脑重现在虚拟空间中的研究也将为我们带来最新的成果。

在 IT 服务市场，像亚马逊（Amazon.com）这类在流通环节具有强大支配力的跨国企业，将会在各行各业中不断吞并价值链上下游的企业，扩张自己的势力范围，最终转化成跨国的综合性大企业。

2036—2045 年

到了这一时期，量子计算机和量子通信很快就会实现应用，网络计算机的能力将会凌驾于人类之上。同时，在计算机上再现人类的分身也将成为可能。这意味着，我们很有可能将"灵魂"上传到计算机上，这样即便身体死去，心灵也将得到永生。我们很难想象，从现在开始算起，仅仅 30 年之后就能实现这样的情况。我们更难想象，如果未来世界已经实现了同等级的未知技术，那时的价值观、社会构造和商业模式等又将变成什么样呢？

科技变化 3：医疗生物技术与生产技术

本节将会总结生产技术的热门话题——与 3D 打印技术相关的信息，以及与医疗生物市场和技术革新相关的情况。

2016—2025 年

以 3D 打印为代表的数字制造业领域，将会在今后的 10 年中取得突破，特别是在用途的扩展与技术进步方面。由此，小规模的新兴产业参与者和产消者将会带来制造业的扁平化发展，制造业整体的存在方式将发生改变。

另外，这一时期的医疗—生物领域也将发生巨大变化，数字技术将会真正参与到此领域中去。具体来讲，主要有医疗用机器人、支持在家进行医疗的监控技术和治疗器械，此外，通过远程医疗和无线网络来诊断健康状态的健康服务相关产业也将陆续出现。这一时期，医疗旅行也将为全球带来巨大商机。

在人类所担心的疾病和与其症状相关的医疗需求方面，世界其他国家与日本所关心的话题在时间上出现了偏差。从世界整体市场来看，快速发展的新兴国家拥有大量人口，他们逐渐开始为癌症、糖尿病、抑郁症、认知障碍症等疾病所困，而这些疾病早已在发达国家成为常发病。此外，走在其他国家前列的日本，将会更加关注诸如家庭看护和济贫医院这种晚期医疗现场将如何改革的问题。

2026—2035 年

3D 打印技术将在这一时期成为多种行业的制造生产过程中不可或缺的主要生产手段。在医疗领域，人们将开始利用 3D 打印技术进行再生器官的塑造工作。不仅如此，iPS 细胞（诱导性多功能干细胞）也将真正被引入到再生医疗的操作当中；同时，这种细胞也将为制药程序和克服先天性疾病做出巨大贡献。从病患自身的动向来看，这一时期，新兴国家的成人医疗费用负担将会急剧增加，精神病和癌症的治疗方法也会成为世界性的难题。

据乐观预测，在这一时期内，人类将能够防止、治疗身体机能的老化，与老年人认知障碍相关的治疗方法也将得到确立。但是，有关医疗费用的问题仍无法解决。借助新兴技术，人类的健康寿命可能会大幅延长，但考虑到费用问题，能够享受这种技术恩惠的人群，很有可能只局限于富裕阶层。在能否购买健康和寿命这一点上，贫富差距问题将变得更加明显，伦理上的问题也会逐渐突显出来。

资源问题与环境问题的变化

伴随着世界人口的不断增加和人们生活水平的逐渐提高，人们对于能源、资材和粮食等的消费需求也在急剧增长。因此，如何分配有限的资源已经成为不容忽视的严峻问题。在能源方面，近年来比较热门的话题主要有两个：一是与发电方式有关的话题，其中包括原子能、化石燃料和可再生的清洁能源三种发电方式；另一话题则围绕着智能电网展开，它解决的是如何高效地分配电力的问题。

在有关资源不足的话题中，包含水资源在内的粮食问题占据了很大比例。通过汇总有关全球变暖的预测信息，我们就会发现：在接下来的 10 年中，北极圈的冰山将逐渐融化，到下一个 10 年，融化范围将扩大到北极点。在许多干燥地带，水资源不足将越来越严重，39 亿人口将陷入缺水困境。有专家预测：到 2045 年左右，局势将进一步紧张，为了争夺水资源，很有可能将会爆发战争。

2016—2025 年

在此期间，智能电网将在世界范围内获得更高的认知度，同时也将在诸多城市进行建设。尽管太阳能、风能、地热和海水温差能等可再生能源将会按照如今的趋势引起人们更多的关注，但它们的实际贡献度将不会达到众所期待的程度。化石燃料方面，目前美国正在发展的页岩气和页岩油的增产将会抑制清洁能源的发展。原子能方面，这一时期的欧洲发达国家仍会为原子能发电的减产和原子炉寿命到期问题头疼不已。

粮食方面，中国将逐渐变成谷物进口国，因此乌克兰等谷仓地区的存在感将大大提升。日本的农业即将进行第六次产业革命，国民对具有高附加值的农产品能否顺利出口抱有更高的期待。从这一时期开始，全球范围内的食品加工产业将展现出巨大的发展潜能。

2026—2035 年

由于水资源的枯竭，人们将会对粮食的供应产生担忧。在这一时期，粮食价格将会大幅提升。由于像大米这样在种植时需要大量水资源的农作物将会价格暴涨，它很有可能会成为一种奢侈品。智能电网方面，比起作为一种发电方式，人们对其蓄电性能上的创新抱有更高的期待。

燃料方面，天然气即将成为燃气的主要来源，生物质燃料也将逐渐实现量产，扩大其应用范围。其中，生物质燃料也包含有藻类生物质燃料。核电方面，由于新兴国家对燃料有着旺盛的需求，世界各地将陆续建设新的核电站。这其中，也包括像沙特阿拉伯这样的石油输出国家，如果说出口石油是为了挣取外币，那么发展核电，实际上更是印证了核能在成本方面的竞争优势。

2036—2045 年

这一时期，根据一部分悲观者的预测，页岩气将有可能面临枯竭。然而在关于化石燃料的预测信息中，总会掺杂着预测人的各种意图，因此准确地来说，想要进行预测是比较困难的。

相反，在比较乐观的预测结果中，这一时期超导输电网、核聚变发电，甚至是通过轨道卫星向地面发射微波的宇宙太阳能发电系统都将实现应用。如果这类技术果真能够实现，那么能源枯竭问题就将不再是问题。到那时，它对世界上的强权政治产生的影响将不可估量。

宏观动态及政治经济的变化

下面，笔者将对世界以及日本的人口动态、政治、经济、军事等方面的变化形势进行总结。人口动态方面，主要围绕着亚洲的新闻展开，这是因为亚洲国家即将面临严峻的人口老龄化问题。

2016—2025 年

根据地域的不同，人口动态也呈现出较大差异。由于团块世代（日本在 1947—1949 年战后第一次婴儿潮时期出生的人）即将成为后期老龄化人口，日本社会负担将会进一步增大。与此同时，在他们的孩子一代中，将有很多人成为自由职业者，这也给社会带来一定危机。为了弥补劳动人口不足，日本将不得不采取各种弥补措施，例如延长退休年龄、充分利用女性劳动力、推进远程办公，等等。

这一时期，新型工业化经济体（韩国、新加坡、中国台湾地区）也将紧随日本的脚步，人口老龄化和人口减少将成为它们必须面对的问题，像眼下这样的发展势头也会快速消失。

经济方面；2020 年东京奥运会以后，有关日本的正面新闻数量急剧缩减。日本不仅会面临经常项目赤字，国债发行额更是会超过 1000 兆日元。放眼世界，欧洲的没落将更加明显，新兴国家的 GDP 也终将会超过发达国家。这一时期，中国仍会持续发展，与美国之间的 G2 体制也将得到强化。

2026—2035 年

这一时期，世界整体的新生人口数量将会达到顶峰而后逐渐下降，人类全体的老龄化即将开始。与此同时，世界经济总量也将迎来顶峰，中国与紧随其后的印度将在这一时期迎来鼎盛期，但由于世界整体上逐渐走向老龄化，全球经济开始萎缩。

在印度和 ASEAN（东南亚国家联盟）诸国这些人口基数比较大的地区，将会对基础设施建设产生旺盛的需求，其总的市场规模将达到 40 兆美元。另一方面，由于社会保障问题和老旧基础设施的维护费用等问题，日本社会将要面临人口负债期特有的弊病，国家整体也将陷入危机。

2036—2045 年

这一时期，除了中国，就连越南这样的后发展国家，也不得不面对人口老龄化带来的社会负担。人口数量方面，非洲将成为人口最多的地区。日本的"团块二世代"（日本 1971 年—1974 年出生的一代）即将达到退休年龄，社会整体的老龄化负担将要迎来高峰。与此同时，欧洲主要国家也将面临类似的情况，它们的国家信用等级将会逐次降到最低等级。此外，就连美国也将无法面对自己的借贷负担，政府将会面临严重的财政危机。

未来年谱的整合：每 10 年的变化概览

至此，我们从科技的发达、资源与能源的调配预测和政治经济的宏观动向三个视角出发，分三个时期对未来的重大新闻以年表的方式进行了总结。整体来看，科技将会带来明朗的未来，而可持续问题和老龄化问题将会使未来蒙上一层阴影。

在科技的进展方面，越是遥远的未来，其前景也越加乐观。至 2045 年左右，人类梦想中的科幻技术将逐一实现。那时，机器人和人工智能将高度发达，人类的劳动力将有很大一部分被机器代替，生产效率得到大幅提高。地面上跑的汽车将有大半都是自动行驶，飞机的观光线路也将扩展到宇宙范畴的平流层。月球上将会建设有人常驻的基地，从那里出发，人类也可以乘坐宇宙飞船往返于月球与火星之间。

在人工智能得到极大发展的同时，大脑与数字空间的连通性也将取得飞跃性的进步。知识将不仅仅存储于外部机器，心灵感应那种大脑之间的通信也将成为可能。不仅如此，就连把感情和人格数字化后的人类分身，都有可能实现。另一方面，通过再生医疗等手段，人类的肉体自身也将得到进化，超长寿命不再是梦想。据说，只要有足够的财力支撑，在未来不到 30 年的时间内，人类寿命就能大幅度延长。这种话一时间可能令人难以置信，但是既然是 2045 年的事情，哪怕是超前一点，我们也应该把能想到的新科技都统统加进来，充分进行联想，当然笔者也并不否认，这听起来似乎是比较没有责任感的一种预测。

与这类由高科技主导的明朗化的未来图景相比较，在能源、环境、政治、经济以及地缘政治学的社会科学领域，学者们整体对未来持有一种悲观态度。从集思广益的角度来讲，我们在听取自然科学家的乐观思考的同时，最好也能听一听社会科学家们比较悲观的建议，这样才显得更加科学。

根据学者们的悲观理论，到 2035 年左右，发达国家将背负沉重的老龄化社会压力，国家会为医疗保险和退休金的经济来源而烦恼不已，最终，国家财政也将陷入危险境地。日本是较早走上这条悲惨的通向衰退命运之路的国家之一，而西欧和美国等国家早晚也会步日本的后尘。相对而言，虽然新兴国家目前看来仍在成长，但是新型工业化经济体等地（韩国、新加坡等），几乎马上也要面临社会老龄化问题，社会根基也将随之动摇。再往后就是中国和印度这种大国，它们将于 2030 年左右走向鼎盛，但在社会基础稳定不久，本国的老龄化问题就会立刻追赶上来。再往后，就是像越南、菲律宾、缅甸等后来居上的亚洲新兴国家。它们将在 2045 年左右迎来繁荣期，但是根据越是后发展国家、其命运越是短暂的生命周期理论来看，不久它们也会失去国家优势。

综上，作为世界人口中坚力量的美国、中国、印度、巴西等超级人口大国，将会在 2030 年左右表现最为活跃，以此时间线为界，之后，全世界的儿童数量将会逐年递减。

至 2045 年左右，从 21 世纪初就呈现爆发式增长的世界人口趋势也将趋于平缓。因此，能源、资源、水和粮食等各种资源不足问题将会在 2045 年左右变得最为严重，到那时，人们将迫切需要通过新技术来解决这些难题。

在此期间，全球变暖仍将持续，这也会引发天灾与粮食不足等问题。由于突发性的干旱和饥荒，也有很多预测认为世界的不稳定因素将会增多。最坏的结果是，世界各国将为了抢夺水资源爆发战争。

悲观的社会科学家与乐观的自然科学家的角色分担

如此，对于未来的预测结果，既有人因为数字信息、机械电子学和生物系统的科技进化而抱有乐观态度，也有社会科学家们对未来持有不安定的悲观态度，这两种看法相互对立，相互矛盾。比如说，支持技术开发的资金来源就是一个很典型的问题。技术开发的先行投资，离不开相应的资金支持。但是在知识高度积累的发达国家，老龄化和劳动力不足问题已经让国家财政出现危机，从理论上来说，这已经阻碍了科学研究的发展。

有人预测，至21世纪30年代后半期，世界的主角将会从欧美人种转移到亚洲人种。仅此一项变化，就将给人类社会整体带来强烈冲击。不仅如此，到那个时候，由于人类活动而带给地球的压力也将达到最大值。人类不仅需要面对资源和能源的枯竭问题，更要背负由于异常天气等天灾带来的沉重压力。社会的不安定因素将会进一步增多。

如此，重视技术进化的乌托邦论，和立足于社会科学的反乌托邦论正是两种相互背离的理论。然而，在笔者看来，这两种说法难免都有一些夸张的成分在里面。从现实角度来讲，未来应该会呈现出一种介于二者之间的状态。

日渐严重的社会问题与日渐发达的科技手段之间存在着紧密的联系，而我们的现实世界也会在二者之间取其平衡而向前发展。在目前的社会问题中，最难以解决的莫过于"人类的可持续发展问题"，而上述两点也在这一问题上保持着鲜明的平衡关系。

伴随着人口的增长和生活水平的提高，接下来人类对能源和资源的需求只会持续增长。至21世纪30年代后半期，这种需求带来的问题将会更加明显。比较传统的观点认为，只要人类充分利用可再生能源与核能，并尽量提高资源的重复利用率或者减少对资源的利用量，那么我们总能攻克这项难题。但是悲观论者认为，这些方法还远远不能解决问题。按这种形势发展下去，恐怕在中国和印度这种人口大国，人民将很难享受到与眼下发达国家同等程度的舒适生活。将来一旦社会整体无法再忍受这种需求被抑制的压力，那么引起纷争或者爆发战争的可能性将大大提高。其中，最有可能引发这一局面的就是水资源不足问题。

另外，未来的超级技术也很可能会彻底解决我们的所有问题。快中子增值反应堆、钍基反应堆与行波反应堆等新时代的核反应堆正在如火如荼的建设当中，而核聚变发电也已经提到日程上来。有人预测，至2045年，核聚变将会实现应用，而这种发电的终极方法一旦成功实现，那么能源枯竭问题将会得到大大缓解。

如果我们能够找到无穷无尽的LED灯光能源，那么就可以不分昼夜地经营大规模的植物农场。在食品不足问题面前，除了核能，基因工程学也发挥着同样重要的作用。比如，在开发耐旱、耐热的粮食与家畜基因的同时，安全性如何能够得到保证同样也很重要。因此，如果哪一个国家或者企业能在核聚变与基因工程学方面占据优势，它就能获得较大的收益。所谓能源与资源的调配问题，实际上是一个与人类能否实现可持续发展——这个大前提相关的重要议题。而人类的生存、消费活动与科学技术的发展，也是一个相伴相生、永恒无限的论题。

有一部分自然科学家，总是大肆宣扬乌托邦论，极力标榜技术的作用。从他们的观点来看，正如到目前为止的情况一样，今后的种种问题都可以依靠科学技术来解决。然而，另一部分社会科学家却总是渲染恐怖气氛，认为未来是世界末日，他们不断向我们提出许许多多零和博弈型的社会问题——由于人口增加而带来的食品不足等资源匮乏问题、全球变暖等环境问题、资本主义的极限和民主主义的极限等。在他们看来，富裕、长寿的代价，就是退休金与保险制度等社会保障制度将会出现漏洞，而这种漏洞是任何国家都无法避免的现象。他们的心得是：从技术的负面影响中找到它的缺点，将其扩张、放大，来吸引人们的眼球，让大家对未来产生深深的忧虑。

在这里我们需要注意的是，其实这两种极端的专家，可能正代表了我们人类的两面性。无论是这两边中的哪一边，他们都必须不断向世人宣传耸人听闻的消息，吸引大家的注意力，这样才能确保他们的研究预算。我们应该理解，这是他们这类专业研究者所必须承担的任务。因此，人工智能并不可能达到他们所说的那样聪明，人类可能也并不能那么长寿。也许，化石资源和粮食并不至于那么匮乏，贫富差距也没有他们担心的那样严重。从以上的分析结果可以看出，所谓的各领域专家的预测，"我们需要对其进行预测的立场进行理解，并根据情况，有所取舍地参考他们的意见"。

第 2 章　全球学者描绘的未来图景总览

在第 1 章中，笔者网罗杂志上的新闻和网上以"20××年的预测"为题的信息，虽有些牵强，但还是为大家整理出一个脉络。在第 2 章中，笔者则从另一个方面入手，带大家总览一下由各界学者穷尽智慧编写的著作内容。

读透 100 本书后总结出了哪些问题与对策

如前文所述，通过对比阅读各领域专家撰写的预测未来的著作，大概就能发现其中隐含的一条法则。那就是作者的情感或思想总会以与各个报告的预测内容相关联的形式，"悄然潜入到字里行间"。每每阅读他们的著作，读者们常常能够感受到作为各个国家或地区的代表学者，他们的骄傲与妒忌，对往昔光荣历史的自负，对国家日渐垂暮的焦虑，这些混合的"情感"充斥在他们的文字表述中。在了解他们从各个领域对未来图景做出的描述之前，我们有必要考虑一下作者的背景将对其论述的内容产生怎样的影响。

下面我来具体介绍一下这些著作的内容。首先必须要做的，就是应该通过一定的比较来选定学者。在本书中，以"国情"为视点，笔者选出了六本比较有特色的书。它们都是各个国家的学者从自己"最擅长的领域"对未来做出的预测。其中，有来自成熟的北欧社会的环境科学家，英国的经济学家，美国的地缘政治学者和法国的横跨历史、政治、经济三界的综合学者——被称为欧洲智慧的学者雅克·阿塔利（Jacques Attali），本书中就选取了他的预言。这里再重复一遍，尽管各位学者的分析内容很重要，但是本章中我们需要关注的是"作者在字里行间中倾注的感情"这一因素。

（1）《2052：放眼未来40年的一项全球预测》（［挪威］乔根·兰德斯著，日经BP社，2013年。）（以下简称《2052》）

（2）《大转变：2050年的世界——英国〈经济学人〉杂志预测集》（［英国］经济学人编辑部编，文艺春秋社，2012年。）（以下简称《大转变：2050年的世界》）

（3）《未来100年大预言》（［美国］乔治·弗里德曼著，早川书房，2009年。）

（4）《21世纪的历史：未来人所看见的世界》（［法国］雅克·阿塔利著，作品社，2008年。）

（5）《大收敛：膨胀的中产阶级将改变世界》（［新加坡］马凯硕著，中央公论新社，2015年。）（以下简称《大收敛》）

（6）《全预测：2030年的日本——世界、经济、技术将这样变化——》（三菱综合研究所，产业、市场战略研究本部编著，日本经济新闻出版社，2007年。）

领先全球、打造福利社会的北欧

首先，我们从乔根·兰德斯所著的《2052——今后40年的全球预测》入手进行解读。此书被评为是继1972年本部设立于瑞士的民间智囊组织——罗马俱乐部发表的名著《增长的极限：罗马俱乐部关于人类困境的报告》之后最优秀的作品，或者说是它的续篇。

当时，兰德斯也是这篇报告撰写小组的一员。在这本书中，他主要列举了五大社会问题，分别是："资本主义"、"经济成长"、"民主主义"、"各年龄层不平等现象"和"地球气候与人类活动的关系"。虽然其中主要探讨的是气候问题，但报告中指出，人类产生的二氧化碳将会导致全球变暖，世界也会因此走向灭亡，并在其后列举了这么说的根据和已经出现的征兆。报告最后的分析结果指出，人类或许已经突破了临界点，再难走回头路了。

这是一部通篇都充满了悲壮感的作品。在 40 年以前，读者们就收到警告，"人类如果再不改变，就迟了，现在已经到了迫在眉睫的时刻"，"或者说已经耽误时机了"。"尽管学者们很早以前就发布了警告，但是愚蠢的为政者并没有认真对待这些消息。如今事态演变成这样，都是人类做过头的恶果。"从内容来看，我们能够感受到来自作者的强烈愤怒。

这种愤怒的矛头，首先对准了美国政府和美国文化。文中谴责了诞生于美国的大量消费文化和物质主义、金融资本主义、母国中心主义所带来的弊病，接下来还谈到了民主主义的极限，认为它并不能解决长期遗留的问题。最后，文章的结论指出，在近代国家中，真正达到社会民主主义的，只有北欧模式。可以说，这篇报告从高处对被欲望驱动的美国和紧跟其后的愚蠢的世界各国发出了最后通牒。

报告指出，我们能够生存下去的方法已经非常有限。我们应当马上挥别消费文化，回到中世纪那种自给自足的生活中去。虽然这部分内容并没有具体详说，但是字里行间流露的意思确是如此。

与此同时，作者自己也意识到这种解决方法并不具有现实意义，因此他在文末写道："祈望自己的预想并不会成真。"接下来作者还提到，比起因为全球变暖而受到灾害的其他国家，包含自己祖国挪威在内的"新北方（New North）"——纬度在 50 度以上的高纬度诸国，其实反而因祸得福，非常幸运，因此他号召大家："放眼远方，大家一起搬到北欧来吧。"

报告一方面对美国文化抱有强烈的憎恶感，另一方面对中国又进行了高度礼赞。文中认为，到 2052 年，美国将会完全没落，中国将成为世界的领导。

否定"增长的极限"——英国学者的未来图景

《增长的极限》曾经是 20 世纪 70 年代的畅销书，它率先提出了可持续发展问题，为人类敲响了警钟，可以说，这部名著是贤者之言。事实上，我们今天进行的许多可持续发展活动，其灵感都来源于这本书。从预测未来的角度来说，它是一部非常优秀的分析报告。但是，由于其字里行间所渗透的情感之深、之烈，笔者认为它是一部"会挑选读者的书"。同样，其续篇也给笔者带来这种感觉。

英国《经济学人》杂志编著的这本《大转变：2050 年的世界》，在某种意义上来说，与《2052》站在了完全相反的位置。

《经济学人》杂志创刊于 1843 年，是全球最重要的政治经济杂志之一，说是世界上影响力之最的财经杂志也不为过。在这本书中，它不仅对上述《2052》和《增长的极限》两本书进行了根本性否定，对于其中的主题——全球变暖的论述本身，也只占据了整体的一小部分篇幅。

关于全球变暖，书中虽然承认了这一现象本身，但是编者对二氧化碳的产生原因却持怀疑态度。书中说到，所谓的气候变暖，其中多有煽动人们不安情绪的部分，这是某些既得利益者故意骗人，大家应该成熟一点，冷静地看待这部分内容。最关键的是，这个话题中包含有很多不确定因素，我们也应该把它当作"经营上的一个风险要素"来进行把握。

关于海平面上升现象，文中也指出，远没有当时预想的那样严重，从现实角度来讲，它也不会对人类造成太大威胁。人口增长方面，现实情况也比当初预想的要慢得多，饥荒的发生次数也在减少。撒哈拉沙漠的绿化进程正在顺利推进，男人们的精子数量也没有减少，世界上的不平等情况所占比例也在逐年递减。我们的世界不仅没有变得更加动荡不安，反而在第二次世界大战以后，因为内战或者纷争而导致的死亡人数逐年递减。这本书更想强调的是，世界正在变得更加稳定。

如此，这本书对罗马俱乐部的预言逐一宣告"破产"，明确否定了它的意义。其编者甚至执拗到专门在书中的后半部分特立一章，把与《增长的极限》有关的错误议题一一详细列出。

换句话说，这本书明确给《增长的极限》判定了罪行："少数尚未得出结论的例子暂且不谈，但其中列举的很多预言都是完全错误的。这并不是说预言和现实之间差了几年的时间，而是完完全全 180 度的大错特错。"编者认为，这本书的作者就是为了筹集俱乐部的补助金才大肆宣扬世界末日论，因此言语之间毫不隐晦对他们的厌恶之情。书中还说到，无论什么时代，失败者总会在那里狂喊"世界将会变得越来越不稳定"，但是理智的读者朋友，请一定不要被这些人给骗了。

在此基础上，书中主张，成熟的读者应该多多探讨真正重要的、现实的政治、经济等问题。由于这本书中不同领域的内容都是委托杂志社总编一级的专家写成，因此它也具有很强的说服力。

学者也无法逃脱的诅咒

这本《大转变：2050 年的世界》包含有很多主题，其中贫富差距和不同年龄层的差距、老龄化问题等自不用说，其他诸如语言和文化的未来、宗教的结局、信息技术的发达对思考和组织结构带来的影响等都包含在内。可以说，书中所涉猎的领域不仅广泛，并且各领域之间保持了一种巧妙的平衡。能够看出，编者为了不偏向其中某一领域而精心设计了各章的内容分配。

不过，虽然这本书的内容编写巧妙、说服力也很强，但不知为何，笔者通读过之后，总有一种"在股东大会上，听取执行委员就经营报告和中期经营计划进行说明"的感觉。我想，这可能是因为编著者都是英国人（约翰牛，John Bull，英国的拟人化形象，类似美国的山姆大叔），他们有一种认为自己曾经经营世界半个世纪以上，因此就背负有被世界问责并维持战后秩序的当事人意识。另外，他们还给读者留下一种"只要按此前的方法做就不会有问题"的政权、政党式的主张印象。

有意思的是，读者还能够从中感受到，这种主张的差异深深植根于著者所属的国家。这种"作者的感情"，并不直接表现在预测的内容，而是渗透在字里行间。不同国家和地区的代表学者，都有他自己的骄傲与妒忌，对过去光荣历史的自负，对眼下日渐垂暮的焦虑，这种种"情感"交织在一起，缓缓氤氲在他们的文字著作里。

自认"世界警察"的美国学者高度评价日本社会

假如英国是主宰世界政治、经济的前任宰相，那么如今站在这个位置上的就是美国。虽然以中国为首的新兴势力正在逐渐抬头，但相对而言，其存在感还比较弱。因此，毋庸置疑美国依然是当今世界独一无二的超级大国。

美国在科学技术、信息媒体、金融经济等所有领域都占据支配地位，但其中最出类拔萃的还是其军事能力。即便美国之外所有国家的海陆空军全部集合起来，也难以超越美国。美国的军队不仅保持着绝对优势，其兵器的先进程度和信息收集能力等也是遥遥领先，可以说美国军队在所有方面都凌驾于其他国家之上。换句话说，美国的"力量源泉"，正是来自其具有压倒性优势的军事实力。

美国是如何看待世界的，这一问题如果转换到学术角度上来说，大概就是"从地缘政治学看起"吧。当我们用历史学的观点来思考拥有较长历史的国家问题之时，经济力学或地球环境等诸多问题就已经不再是重要的因素了。重览大国的兴衰史，如果以"霸权的力学"为出发点进行思考，那么我们就有了这本能够一眼看到未来的书——《100年大预言》。

无法动摇的信念——美国最强

这本书的作者是乔治·弗里德曼（George Friedman），他是美国的民间情报机构斯特拉幅（Stratfor）的 CEO（首席执行官）（执笔当时），而这家情报机构也被称为影子 CIA（美中央情报局）。乔治·弗里德曼的这本《100 年大预言》，正是从"地缘政治学"角度出发，详细描绘了未来的图景。大家可能会感到惊讶，仅凭着地缘政治学一点，就至于说这么多？实际上，这本书也可以说是一本宣传地缘政治学的趣味性的传道书。

虽然世人对这本书的评价毁誉参半，但是作者的行文优点还是比较突出的：首先，书中所采用的信息比较明确，单从阅读角度来讲还是令人感到畅快淋漓的；其次，作者对关键信息拥有十分敏锐的观察力，这一点不得不令人敬佩。行文至后半程，作者花费很多笔墨描写了美军依靠强大的军事卫星——战星（Battlestar）和微波进行操控的陆军战车部队的活跃表现，这段描写给本书带来了一种 SF（科幻）假想战记的色彩。因此，虽然本书容易让人误解是"写给军事迷"的书，但是其中针对少子化、老龄化和计算机技术的本质等问题，作者都以美国式的思考方式给出了很好的解释，我们必须承认，本书是其作者倾尽才华完成的一本力作。

此外，本书还对日本的潜在能力给出了相当高的评价，这在同类书籍中是不常见的。书中认为，日本是一个不可小觑的国家，其人民的顺从性、忍耐力和团结力都是出类拔萃的。用书中的话来说："即便在经济政策和政治方针上有较大转变，这也不会影响日本的国家安定，这是日本的一种特质。""即便日本经历了较大的社会变革，其社会的基本价值观也不会随之消失，这要归功于日本文化的连续性和其社会自身的规范性。短时间内，在确保社会关系保持稳定的前提下，能够频繁地转换发展方向的国家基本是不存在的。然而，日本不仅使其变为可能，目前更是走在这样一条发展道路上。""正是这种带有国家分裂倾向的、来自社会和文化双重方面的影响，守护着日本一直保持稳定。"

在《未来 100 年大预言》中，作者以类似小说的风格为读者生动介绍了 21 世纪可能出现的混战局面，而贯穿其中的主旨——"美国将永久保持无敌状态"，是绝不动摇的。最有意思的是，书中开篇就将时间背景设置为欧洲时代迎来终结，世界即将进入"北美时代"，这是与其他预测书籍很不相同的。

很多预测未来的书里都会肯定地说到"今后是亚洲的时代"、"太平洋的时代"、"新兴国家的时代"、"中国的时代"等一锤定音的结论，然而在《未来100年大预言》中，作者却明确断言，即便历经种种曲折，在漫长的未来岁月中，北美的时代必将来临。美国不可能会在本土燃起战火，而美国的海军必将支配全球的海洋。这是人类历史上前所未有的。这种支配力量"才初露头角"，21世纪将会成为真正的美国世纪。

书中还说，在欧洲，德国和法国将会明显衰退，这两个国家"很快就会丧失实力，再也爬不起来"。至于像日本、土耳其、波兰和墨西哥等国家，虽然它们敢于向无敌的美国发起挑战，最终也只会战败而去。这部分内容虽然看起来离奇，但并不是我们需要关注的重点。这本书里最值得读者注意的是，作者弗里德曼一语道破了美国的本质——"年轻到粗野的程度"。书中提到："美国尚未实现完全的文明开化。它看起来像16世纪的欧洲，还是粗野的状态。""这里还没有形成文化。人们的意志力是比较强的。""美国是战争的产物，如今更是加快速度，持续战争。""美国的战略目标和基本战略的根源，正是它的恐惧心理。"

著名的评论家小饲弹曾经说过，这实际上反映了美国的"草率之至"。这个评价简直恰如其分。这种草率还会延续100年，延续到整个21世纪。不仅如此，美国还会一边用武力说话，一边继续宣扬着自己的正义。"今后你们就跟着我吧。"在这本书里，字里行间时时流露着一种美国作为统治者的傲慢和责任感。

"没能成为主角"——法国学者吐露的悲哀

那么，被残酷地评价为"很快就会丧失实力，再也爬不起来"的法国，其学者又是如何看待这一问题呢？被称为"欧洲智慧"的雅克·阿塔利又是怎么说的呢？我们通过他的著作来解答这一问题。

在《21世纪的历史：未来人所看见的世界》一书中，作者在多个领域自由驰骋，其知识面之广令人叹为观止；此外，作者采用了精彩的叙述手法，阐述了开放化的社会和多极化的世界终将走向何方的问题。由于这本书中有关人类历史和政治经济的知识量实在太过庞大，它也称得上是一部发人深省、十分具有说服力的名著。读过本书，你会感觉自己好像刚刚听过一场庄严的古典音乐会，余音绕梁。

但是，说到这本书中作者的感情部分，倒是十分简单易懂，甚至可以说是明显到有点令人失望。以笔者的阅读感受来说，阿塔利对法国没能成为霸主充满了悲哀的情绪，另外还有对英、美两国的自卑和嫉妒。

书里，作者摆事实、讲道理，对世界的中心在过去是怎样转移的，以及今后又将怎样变化进行了细致的分析，在此基础上，阿塔利又举例证明了"过去法国为什么会错失机遇"；最后，他又进行了忏悔式的解说，"今后法国再也没有第二次机会了"。

文中，阿塔利毫不隐晦自己对于美国——这个大肆鼓吹自己是世界霸主国家的懊恼之情。文章开篇，阿塔利就把美国称为"美帝国"，把带给美国巨大财富的互联网世界称为"美国的殖民地"。除了现实世界，对于在虚拟世界中法语也没能成为世界标准语一事，阿塔利也充满怨念，这类语句在书中随处可见。

阿塔利预言，其憎恶的美帝国称霸世界也不过是一时之事，它的霸主地位将在 2035 年前迎来终结。最后，美国将会变成北欧的社会民主主义国家，或者是独裁国家。根据阿塔利所提倡的西进理论，12 世纪左右，威尼斯曾经是世界的中心，之后，世界中心逐渐向欧洲西侧的口岸伦敦转移，接着又继续向西转移至新大陆的波士顿；到了 21 世纪，世界中心将远离美国西海岸的加利福尼亚，最终转移到亚洲。但是以目前日本和中国的实际情况来看，现在的世界中心仍然是美国，因此阿塔利的预言也显得不再那么强势。尽管他在书中对过去的历史进行了饶舌一般复杂的论证，但是就今后世界的中心到底会怎样变化，仍然没有给出一个确切的答案。

书中关于亚洲的部分，既没有像乔根·兰德斯那样强力反美、对中国高度赞扬，也没有对日本表现出过多的赞美。阿塔利剑走偏锋，对韩国进行了高度评价。根据他的理论，今后韩国将成为亚洲最大的势力，至 2025 年，韩国的人均 GDP（国内生产总值）将达到日本的两倍。韩国模式将成为新型经济文化的模范，韩国的科技与文化将会迷倒世界。阿塔利甚至预言，不仅是亚洲的新兴国家，就连日本和中国也将悄悄地模仿韩国模式。尽管阿塔利对西方历史的分析已经达到登峰造极的程度，但是他对亚洲历史的分析看起来却不太可靠。

归根结底，这样的分析结果或许来自于作者对欧洲没落的懊悔和怨念吧。同样的情感状态，我们在乔根·兰德斯的上述作品中也能发现踪影。一边痛感西洋已近黄昏，一边在心中呐喊"变成这样究竟是谁的错"？通过他们的作品，读者可以深切感受到作家的创作心理。

一手承担起这项责任的，自然是现今世界的霸主美国。阿塔利认为美国的时代终将结束，兰德斯认为没落的美国将把霸权地位让给中国。总之，"要死的话，欧洲和美国一起死掉吧"。

然而，在阿塔利的书中，尽管前半部分他一直在诅咒美国，悲观地认为美国将和欧洲一起走向毁灭，但是到了终章，他又转向乐观情绪。在这一点上，阿塔利与兰德斯表现出了惊人的相似。据阿塔利的理论分析，针对大人们反反复复的愚蠢行为，对此厌倦的年轻人早晚会奋起反抗。伴随着新新人类不断创造着自己的新型文化和价值观，急转直下的世界终将再次走向平衡。

阿塔利把这种"新的类型（New Type）"命名为"超人类（Transhuman）"，兰德斯则把他们叫作"千禧世代（Millennial）"。虽然名称不同，但是在二人的著作中，这些觉醒后的新新人类如雨后春笋般出现在世界各地，他们拥有共通的进行创造的思想和自觉的利他行为，正是由于他们的出现，人类才得以回避危机，最终幸福地生活，迎来大团圆结局。

挑战者眼中的未来图景

欧洲虽然不断追赶，但颓势已无法挽回，美国轻易就坐上了霸主的宝座，却因怕宝座旁落而胆战心惊。但是对这二者来说，发展中的亚洲新兴国家是他们共同头疼的"元凶"。20世纪初，日本曾企图进入列强国家阵营，因此国家实力不断增强，而在此之前，世界上就兴起了一阵"黄祸论"的论调，到了如今的21世纪，所谓的"黄祸"已经成为名副其实的时代趋势。那么，在这沸腾的舆论中间，亚洲新兴国家的学者又是如何看待未来的风景呢？笔者认为，最适合谈论这一话题的人物就是马凯硕了。

马凯硕，新加坡国立大学（NUS）李光耀公共政策学院院长，在他的著作《大收敛》中，他不断挑动拒绝承认时代主角已经更替的欧美各国的神经，引起他们的愤怒。新加坡国立大学在各种世界大学排名中都稳坐亚洲第一位，夺去了东京大学曾经的宝座，可谓是在快速成长的亚洲地区中最符合"智慧聚集地"这一称号的名校。

在马凯硕的这本著作中，开篇即为全文定下了基调：以中国和印度为中轴的新兴势力的发展是不可逆转的。在"中产阶级的抬头"这章中，他写道："过去30年里发生的变化，甚至大于过去300年中的所有变化。以亚洲为中心的新兴国家成功大幅度降低了世界的贫困率，从而产生了30亿的中产阶级人口。亚洲国家可以骄傲地说，如今世界上有90%的理工科博士都来自亚洲。至2026年，中国将超过美国成为GDP第一的国家；至2050年，印度也将超越美国成为第二名。"

书中还对西方世界提出告诫：西方必须接受一个事实，那就是世界的中心已经开始向非西方国家进行转移。通过把过去平白消耗在内战或国境边界纷争的能量转移到经济成长上去，新兴国家终于意识到，自己也可以确实提高本国人民的生活水平，而这种成长的趋势已是不可抑制的。

另外，马凯硕还对由日渐没落的发达国家所制定的世界秩序提出了强烈批判，他认为这是极其不合理的。处于没落期的、充满罪恶的欧美各国，顽固地守护着自己的既得利益，又竭力阻止新兴国家的发展，它们为此奋力挣扎的样子已经再明显不过。书中，马凯硕毫不隐晦自己对美国的愤怒之情。他批评到：美国一边干涉中国的人权问题，一边又在自己国内倒行逆施，企图谋求对犯人进行拷问的合法化；一边要求世界都遵守国际法，自己却不签署《联合国海洋法公约》以及《京都议定书》；可以说，美国就是一个顽固坚持利己主义的国家。目前，在联合国、IMF（国际货币基金组织）和世界银行等世界主要的国际组织中，重要职位仍然被出身于人口仅占世界12%的欧美国家的西方人所牢牢占据。马凯硕主张，我们对此应该提出批判。

作者还认为，已经走过繁荣期的西方国家的领导人，一边在国内煽动排外主义，玩弄国民的感情，一边通过促使全球经济后退，来抑制中国和印度的成长。对于为了延续自己现状而汲汲营营的发达国家来说，最大的噩梦是什么呢？作者在书中一语道破，那就是印度和中国将有一天协同合作，从而积极推进世界秩序的维持和经济的发展。世界的主导力量马上就会由英美转向中印。如果了解历史，就会发现历史主角的更替，从来都是伴随着战争与混乱，然而善于从历史中汲取教训的我们，应该已经准备好了让历史平稳更替的智慧与勇气。从书中能够看出，先于其他亚洲国家富起来的新加坡，有意在这项工作中承担起指导员的角色。

这本书中还出现了不少"对于西洋读者来说"的篇章，文中也不断强调作者马凯硕出身于一个发展中国家，在其幼时，那里甚至都没有抽水马桶。此后，马凯硕在欧美的名校接受了高等教育，而现在的他，浑身则充满了作为承担起亚洲最富裕国家——新加坡国家发展规划重责的领导人应有的自信与精神。

用马凯硕的话来说，西方的霸权时代早晚会走向终点。他放话到：西方国家应该放弃现在的抵抗姿态，趁早将世界的主导权交给非西方国家。

但是，如果现在说今后亚洲就是世界秩序的统治者，西方国家气数将尽，未免有些过于武断，因此，书里为读者描绘了一幅世界逐渐缩小成一个统一的大经济圈的图景。今后，将有几十亿人口成为中产阶级，再加上他们将会受到良好的教育，因此，世界将变得更小，更加紧密地联结在一起，各个国家的相互依存程度也会越来越高。那时，属于世界公民型的新人类时代即将到来，他们共享多元的价值观，国家意识也逐渐模糊。看起来，在这本书里也出现了作家们频繁使用的"新人类"一词。

此外，马凯硕还指出，以斗争原理为机轴的国家关系也将发生变化，世界各国终将以善为念，相互协调、相互合作。与西方人所持有的笛卡尔式的非黑即白的理念不同，东方人容许矛盾与假说的存在，因此是是非非终将随着时间的流逝而消失，东方将会建立起一个注重自由精神的全新世界。

在马凯硕的理论中，笔者感受到一种来自理想主义者的芬芳。新兴国家的成长生命线，关键依赖于世界的自由经济体制，这一点心得体会应该是新加坡这个独立成长的国家所特有的空气氛围。但是归根结底，在这部作品中，我们能够看到作者对经过巧妙安排组合起来的欧洲殖民地经济构造的忧虑与愤慨，以及他对亚洲国家能够借势把握住时代话语权的强烈愿望和一种报仇雪恨的冲动。

作为建议，马凯硕希望日本能够看清时代已经发生变化，现在的时局是"脱欧入亚"，而非"脱亚入欧"，在此基础上，日本才能重新斟酌自己的下一步行动。可以说，马凯硕的这本著作为读者展示了一幅来自"青年主张"的未来图画。在这幅画里，青年的感情错综复杂，其中既有对时代形势和国家成长的焦虑，也有对旧时宗主国的自卑情绪。

曾经的新兴国家日本，今后仍是"技术命"？

以上，笔者从各界学者的论述语气出发，像故意挑刺儿一般从他们的著作中剥离出了其写作时的心情状态。之所以这么做，是因为笔者想为大家具体演示一下，"由于著者本身所属的国家不同，促使他们的预测内容不得不带上了一些个人色彩，然而这种对未来的分析本应在作者保持极度冷静的状态时完成"。

但是，笔者在这里并不是要全盘否定他们的分析结果。事实恰恰相反，他们在著作中的分析结果，充分显示了作者敏锐的观察力，并给予了读者重要的启示。每次翻页的时候，笔者都为其中需要学习的内容之多、之丰富而不得不感到万分敬佩。我自己也从这些名著中学到了不少东西。但关键的一点是，由于这些著者本身也是人类，所以很难避免"由于自己立场的不同而给预测结果带来一定的影响"。因此，笔者就在思考，我们是不是应该在理解到这一点的基础上再来回味这些著作呢？

在这里，笔者还想再赘述若干关于日本未来的预测情况。对于究竟应该选哪位学者的哪一本书，笔者实在是犹豫不决，最后则选定了由出版预测未来书籍的老字号——三菱综合研究所编辑的《全预测：2030年的日本——世界、经济、技术将这样变化》。三菱综合研究所是日本最大规模的智囊团，它接受日本政府、官方办公厅和地方公共团体等的委托，进行各种各样的调查研究，因此它的研究结果对各种重要政策的制定起着至关重要的作用。

话题回到这本书，从内容构成上来说，首先，按照惯例，全书开篇从世界人口急剧增加以及发达国家的少子化、老龄化等有关人口动态的问题开始。之后，作者从宏观政策的层面出发，对"全球化和市场功能的强化对国家机能的影响"进行分析，从而展开话题。接下来，在本书的核心部分，作者主要关注了日本竞争力的话题，但是，其中有大半内容都是围绕着先进的技术和研究开发的体制问题而展开论述。

这本书涵盖的领域十分广泛，从军事技术到生命技术、感性工学等都有涉及。此外，作者还以日本的长处——"技术"为中心，生动描述了日本社会的未来图景。其中很有特色的一点是，有关技术的话题占据了全书很大篇幅：从页数来看，基本占了80%；从包括序章和终章在内的全文来看，则有近45%的比例。在全球具有代表性的预测书籍中，此书特别偏重技术这一点显得尤为突出。

阅读此书时，就算不去特意抽离出作者的情感因素，从书中极高的技术理论占有率中，我们也能够理解到"著者的立场"，那就是，我们在谈论日本的未来之时，无论如何也绕不开占有相当比重的工程学技术理论。

"技术"过硬就可高枕无忧了吗？

在战后70年的时间里，让日本不断赚取外币，让人民生活水平不断提高的原动力，正是制造业，而支撑制造业的则是国家的工业能力。从衣料、百货到高科技工业产品，日本逐渐赋予了产品更高的附加价值，而产品的背后，则是不断研磨、不断进步的科学技术生产力。

在日本经济高度成长期那段时间里，从技术的生命周期来看，机械电子学和精密化学也正好处于成长期，因此在这类技术领域中，日本的制造业获得了无与伦比的市场竞争力。技术是立国之本，是竞争力的源泉。

日本人曾经度过一段很长的岁月，那时人们对于关系到一些能够改变世界的人文科学与社会科学毫不关心，因为他们觉得，只要在技术领域多加研究，就能获得成功。日本人曾一度认为，只要在某个人规定的世界框架或规则下，不断对优质的生活必需品进行改良，推进其生产、销售进程就足够了。但是，随着上述日本所擅长的技术领域本身的成熟，技术商品化已然是不可避免的趋势。

因此，只要坚持技术开发就能站稳脚跟的时代结束了。人们越来越重视怎样利用任何人都能调配的技术，实现并提供新的价值。在学术领域，狭义的科学＝自然科学的时代也已经终结，在如今的时代，如果不能综合运用包括人文科学和社会科学在内的广义上的科学，就无法取得竞争优势。

然而，以国际基准来看，日本的人文科学水平实在称不上是优秀的。我们以"QS 世界大学排名"为例。所谓的 QS 是由英国的大学评价单位泰晤士高等教育（Quacquarelli Symonds）所实施的大学排名，它通过多角度对比世界各大学的实力，按照学科类别分别予以评价。虽然人们对其评价方法多有微词，但在现实世界中，人们仍然广泛使用这一评价标准，一般认为，"排名越高的学校，就越能吸引世界各地的优秀学生"。

此前，笔者也曾根据这一数据，按国别算出加权平均数，然后制作成每一学科的国家排行榜。其结果大致如下：

（1）在物理、化学、生理学和地学等基础自然科学领域，日本大学的综合排名基本能排在世界第 5 名。在这个对英语国家有利的评价体系中，能排在第 5 名，说明日本的竞争力是很高的。

（2）在机械、电气和信息等工程学领域，由于新兴国家的大学在这一方面迅速追赶，日本已经落到了第 10 名。

（3） 在经济、法律、社会学和 MBA（工商管理学）等社会科学领域，日本总体上居第 20 名左右，在世界范围内招生时的国际竞争力非常低，就连在亚洲，日本的竞争力也是很低的。

因此，在三菱综合研究所描绘的未来图景中，技术理论之所以比重如此大，还要归结于过去日本国家整体的成功经验，它已经给日本人的思考带来深远的影响。只要考虑到历史的进程，自然而然就会得到这样的结果。同时，这也如实地反映出了日本的生存之道。但问题是，当我们要预测"前提条件"不断变化的未来之时，这种论证方法是否妥当呢？

"未来预测"——前路

以上，我们对各国学者从自己最擅长的角度进行未来预测的书籍进行了梳理，其中，笔者把分析的重心放在了"作者的心理"这部分。

北欧的学者希望各国能够扔掉称霸世界的野心，从全局出发，发现身边细微的幸福；法国的学者虽然放弃了让法国再次称霸世界的野心，但脑海中仍不时萦绕着"让我再做一次美梦吧"的幻想；英、美的学者则一再强调至今为止自己的统治成果，要求维持世界现有的政权体制；来自新加坡的学者则对欧美国家发出最后通牒，认为世界的主导权将会转移，中国和印度这两只雄狮正在从沉睡中苏醒，而新加坡则刚好可以给予其指导。这些带有个人感情色彩的分析结果，如果只是学者们自私自利、自吹自擂的产物也就罢了，但正是这里面的个人色彩，才是他们在冷静地预测"未来会怎样"的过程中，表现出来的"应该怎么变"和"希望怎么变"的最真实的想法，或者说，是预测结果中最重要的部分。这是因为，世界重要领导人的意志本身，往往就是决定未来的重要因素之一。

如果说世界上的强国都在为能成为世界秩序的"制定者、领头羊"而互相争夺的话，那么日本可能一直坚持的立场就是"做一名制鞋匠"，也就是低着头，默默地为生存下去而奋斗。笔者认为，做一名制鞋匠也不错。

幸运的是，日本不仅有"专注"的匠人气质，还有一种"接待客人"的才能。在现今的后工业化社会中，我们已经迎来了以服务产业为中心的时代，日本的这种内在长处，或许也能被发掘成一种新的价值。虽然日本没有像世界强国那样展望远方的能力，但却拥有颇受世界好评的文化、气质与习惯。怎样把这些变成价值，变成一种竞争力，或许也是一个重要的问题。但是最关键的是，日本应该在了解"变成怎样"的基础上，明确一套"应该如何做"的固定体系。换句话说，就是先给"幸福"下个定义，然后再创造一种实现幸福的固定模式。

可持续发展、开放资源、新兴市场、多极化、服务产业化、知识社会的到来，我们的社会环境正在经历着各种惊人的变化。在这样的大环境下，所有人都必须找到自己的幸福模式，然后为了它不断进行智力投资和必要的技术开发。

这里所说的技术，绝不是指传统的、从自然科学中派生出来的工程学而已。怎样才能把自然科学、人文科学和社会科学都动员起来去建设国家，地方共同体与企业应该怎样经营，NPO（非营利性组织）应该如何运作，我们必须考虑清楚这些问题，然后再找到实现问题的方法。

有一部分先觉者，已经开始着手进行这部分工作。例如，作为经济管理领域中竞争战略理论研究的先驱——迈克尔·波特（Michael Porter，哈佛大学教授）就提出了"CSV（Creating Shared Value，创造共享价值）"这个关键词，并为财富的分配方法创造了一系列的理论体系。迈克尔很早就注意到，如果对 21 世纪的竞争原理刨根问底，答案就是"幸福战略"，因此他也正在不断推进对此理论的系统性研究。因《竞争战略》一书而迈上经营学领域最高峰的迈克尔，在此时提出了 CSV 一词，这实际上也代表了当今世界的潮流，对我们也有很大的启示。正如前文所梳理的那样，基本上，在所有关于未来的书籍中，全球的学者们都对此时新人类的觉醒抱有一丝期望，期待他们能够给我们的世界带来崭新的希望。

理论化的感情论

在第 1 章中，笔者收集了 15000 条关于未来预测的信息，在尽量排除相互矛盾项目的基础上，经过梳理，把它们做成了一份未来年表。用一句话来还原这个整合型的未来分析结果：我们会发现理工科学者认为"自己创造的新技术将会开创美好的未来"，而文科学者则"在零和博弈的世界观下坚持悲观论调"。

在第 2 章中，我们整理了各国代表学者所描绘的未来图像，以及由于他们的血缘和出身地域的不同而带来的差异。尽管他们在各自擅长的领域中用专业知识为读者进行了精密的解说，但是学者们也是普通人，笔者认为，从他们的文字中还是可以读到"希望变成这样"的愿望，行文中也时常能看出作者是按照读者想看的故事发展去写作的。所以，从读者的立场来讲，我们有必要在阅读的时候，把其中"高度理论化的感情论"的东西给剖解出来，放在一边（图 6）。

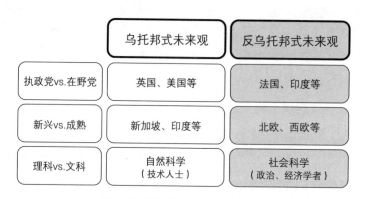

图 6 著者的属性与未来图像的关系

至此，通过从序章到第 2 章的解说，读者大概能够了解有关预测未来的基础知识以及全球学者预测未来的思考模式。在此基础上，下一章我们将进入对未来图像的具体解说。笔者将从各种各样的变化中抽离出"大趋势（Mega-Trend）"，然后具体分析到底应该怎样应对这种趋势以及相应的"解决方法"。

第3章　未来世界的九大趋势，中国中了几个？

　　本章将要阐述的大趋势（Mega-Trend）一词，指的是发生在将来的、会对我们的生活方式和价值观产生巨大影响的社会变化。以这种变化为契机，将会诞生各种社会问题和相应的解决方法，如何具体地把握它们的发展方向，对我们来说是一件非常重要的事情。

　　如果提供解决方法的是民间企业，这将成为它们的一次商业机会；如果是行政单位，则会带来一种新的公共服务，当然有时这些服务项目也会由教育机关、宗教法人或NPO（非营利组织）承担。虽然从财源上来讲，存在税金和捐款的区别，但是问题的重点在于，它们提供的解决方法是否具备与所支付的金额相匹配的魅力。通常来讲，魅力越大的解决方法也越容易吸引资金，同时也能提高其产生附加值的概率。

　　在第1、2章中我们曾经提过有关预测未来世界的文献和报告。在总览对20××年可能出现的问题进行细化分类的信息后，通过整理出其中所提示的社会问题和其相应的解决方法，或者说是预想的新技术和由其所带来的新机能，以及由于我们的抉择而可能带来的负面影响，经过多次的盘点作业，我们最终归纳出了未来世界的九大趋势。

后文我们将对这九个趋势逐一进行说明。在此之前，本章将对这九个趋势进行简要介绍，并对组成它们的总计 50 项市场主题进行整体概括。在思考我们的未来之时，针对这九个无论如何也不能忽视的重要变化潮流，从它们将会带来怎样的事业机会的角度出发，笔者分别对 50 项市场主题以 1—50 的方式进行了编号，阐述九大趋势与 50 项市场主题。

第一大趋势　发达国家真正意义上的衰落：成熟带来新市场

伴随着战后婴儿潮一代的老龄化，少子化和老龄化已经成为发达国家需要共同面对的问题。其中，日本的问题尤为严峻，确切来讲，日本在这个问题上已经领跑世界，成为一个"问题发达国家"。由此带来的结果是，消费行为整体开始向年长者倾斜，市场在对面向年长者的服务消费产生期待的同时，提高年长者生产性的终生教育也显得越发重要。此外，伴随着产业构造的成熟，服务产业化和高附加值农业等脱工业化进程正在逐步展开。并且，随着社会不断走向成熟，家人、性别和朋友关系等角色模式（Role Model）也开始发生变化，人文关怀方面的商业需求亦随之增加。由此，我们可以找到以下从 1—19 为主题的商业机会。它们分别是：

1. 充分利用年长劳动力
2. 对年长者的生活支援
3. 女性走入社会
4. 家人关系的疏远
5. 年长者特有的消费
6. 幼儿教育市场
7. 宠物相关市场
8. 针对老旧基础设施的对策
9. 针对不同年龄层差距的对策

10. 迁居经济

11. 旅游经济

12. 成人教育经济

13. 荷兰模式的农业立国

14. 宇宙经济

15. 解禁军事产业

16. 回归模拟技术

17. 治愈市场

18. 女性化与无性别化

19. "本土"化与"不良"化的年轻人

第二大趋势　新兴国家崛起：巨大新商机

与此同时，以亚洲为中心的新兴国家结构性地脱离了贫困，中产阶级大幅增加。他们的快速成长对日本来说正是一个巨大的商业机会。从前，日本那种仅单纯依靠产品出口就能盈利的时代已经接近尾声，接下来是出口系统、基础设施和服务的时代。从当地生产到当地研发，今后，我们即将进入一个当地研发的商品以变形的模式回归日本市场的重生创新时代。下面的 20 和 21 则将成为主要的商业机会。

20. 都市基础设施出口的扩大
21. 昭和时代的日本商品从再利用走向重生创新

第三大趋势　成长的陷阱：急速变化带来的负面影响

经济成长越是走到后期，国家层面的成长生命周期就越是短暂，急速成长所带来的弊病也越是显著。对于此前已经克服了如环境污染、安全和卫生等社会问题的日本来说，它们也将成为商业机会。随着不断流入城市的过剩人口的增加，各地不断涌现出贫民区，它的存在增加了社会的不稳定因素，因此，针对贫民区的对策将成为人口动态层面上世界所面临的最大难题。除 NGO 以外，如何促使企业参与 BOP 经济（面向低收入人群的商业）也是一项重大难题。

22. 大气污染、水污染的预防和治理
23. "食品安全"问题
24. 耐药菌对策
25. "青年膨胀（Youth Bulge）"和 BOP 经济

第四大趋势　市场的强化：市场机制影响国家机能

伴随着市场全球化，经营事业所必需的资源（人、物、金钱、信息）已经跨越了国境，实现了自由流通。国家不再讲究表面形象，而是运用资产移民和技术移民等手段聚集高等人才，并通过下调法人税率来吸引企业的投资。市场原理将凌驾于民族国家制度之上，成为社会主流。因此，官与民的界限将逐渐模糊，特区制度与民间委托业务将催生出以下 26—28 为主题的新型商业模式。

26. 世界性的特区竞争
27. 研发、制造、消费的全球化
28. 官与民的身份融合以及民间委托业务

第五大趋势　"消费即美德"时代结束：可持续发展才是王道

随着新兴国家的经济成长已经逐步进入正轨，人们对世界范围内剩余资源的未来也越来越担忧。为了确保水和粮食，或是为了能够稳定筹集能源与产业资源，新兴国家的压力也不断增大。另一方面，在发达国家，已步入老年的婴儿潮一代正依靠着储蓄金与退休金生活，而面向年轻人的财富再分配却没有及时跟上，不同年龄层间的差距越拉越大。正是在这样的社会环境中，一种达观或者说是可持续发展的价值观开始抬头。考虑到全球气候变暖等环境问题，下列29—33所示的主题也会带来新的商机。

29. 提高能源利用效率

30. 天灾对策

31. 页岩燃料的不稳定

32. 食品不足对策

33. 资源枯竭对策

第六大趋势　后工业化时代社会的本相："读心术"的商业应用

如今，时代的主要产业已经从制造业开始向服务业转移。这并不仅仅是一国一地的情况，接下来，逐步成长起来的新兴国家也会马上进入第三产业时代。正如农业的六次产业化革命所象征的那样，今后的产业构造也将按照一连串完整的价值链模式进行升级。以日本的情况来说，制造业的服务产业化升级，将从几个市场竞争力比较强的制造业开始进行。售后 / 应用经济、保险经济、金融经济、产品开发经济和市场经济等领域，将按照下列34—38所示的五个模式进行产业构造升级。

34. 产品售出后的后续消耗品模式

35. 售后 / 应用经济—BPO

36. 保险、金融业模式

37. 专注开发、制造外包模式

38. 收集、加工用户数据的数据中介商模式

第七大趋势　真实与虚拟互动：从大脑到城市，智能化升级

伴随着虚拟空间中电子装备手段的进步，我们的世界贴满了肉眼看不见的信息标签。由于这种标签的存在，世界变成了一个可视化的空间。而对于电脑来说，这种空间就能变成一个新的商圈，因此也将创造价值。所以，从气象信息到消费电力、位置信息、健康信息，人们的所有行动数据都会被收集起来，成为数据中介商的操作素材。为了提高物资管理效率而不断升级的 IoT 潮流，最后将逐渐逼近追求最高价值的内在信息源，也就是与人的大脑之间的联系。此外，从人的大脑到周边环境、汽车、都市空间、工厂和农场等空间的数字化商圈将不断扩大。因此，今后我们应该对以下几方面投以更多的关注。

39. AR（增强现实）
40. 自动驾驶汽车
41. 接待服务
42. "脑对脑"的交流
43. 数字制造业

第八大趋势　工作方式变革：按需上岗时代

从拥有转向利用，这种思考方式并不仅仅局限于单纯的物品出租层面，而是逐渐扩大到所有的物品和事物层面。汽车和房间可以共享，家具可以出租，自家公司的大厦也可以成为一种证券，生产制造完全外包，工作人员也是自由职业者。我们正在逐步进入以"利用"为本的开放社会，"利用"对象的劳动率和生产积极性也在稳步提高。在开放社会中，价值观的种类也变得更加丰富，这对我们进一步提高产品的创造性和竞争力是十分有利的。

正是由于这种潮流的不断进步，像从前那种为自己归属的集团奉献一

生的观念已经越来越弱化。另外，开放社会也是一个追求靠自己的责任心生存下去的社会。因此，我们也迫切需要找出解决开放社会中存在的瓶颈问题（如从业人员在知识产权、奖励机制和安全方面的保障）的策略。具体来讲，新的市场机遇很有可能出现在下列44—46所示的方面。

44. 企业与从业人员（劳动者的模块化）关系的变化
45. 商业平台的设计
46. 共享＆平台化的价值观

第九大趋势　人类"超人化"：健康长寿

以电动义肢和动力服为代表的机械电子学方面的技术群，以及以再生器官为代表的生物学方面的技术群正不断向人类的身心逼近，并推进我们能力的强化与寿命的延长。机械电子学的技术能够帮助完善人类肌肉的动作、感觉器官和大脑的机能，有时根据场景也能赋予我们超人的能力。而生物技术一般则应用在健康和美容方面。以基因工程为核心的生物科技，还可以应用在人类以外的动植物和微生物方面，也可以使用在粮食、燃料的增产和医疗与再生器官等方面。通过这类技术的革新，人类思想的沟通和生命观等方面都将发生巨大的变化。关注以下47—50的市场主题，将有机会创造各种各样的新商机。

47. 生物机能的利用与基因工程生物的利用
48. 通过生物技术强化人体的机能
49. 通过IT（信息技术）与机械电子学技术强化人体的机能
50. 脑力的开发

第4章 大趋势细说

第一大趋势

发达国家真正意义上的衰落：成熟带来新市场

如果要举出一个今天日本社会所面临的重要问题，那么社会的急剧衰老可以说是当仁不让吧。要说国家层面的问题，那实在是数不胜数。例如东北亚的安保问题，如何应对市场的全球化、制造业的服务化升级，以及农业的重生等，日本所面临的问题确实难以枚举。但是，无论能把哪个问题先放在一边，首先必须关注的还是"老化"问题。这不仅仅是指人口的老化，还有老旧的基础设施、超高老龄化地区和废弃耕作区域的空巢问题、日本的很多方面都在老化。把老化问题作为第一大趋势来谈，虽然让人感觉痛苦，但是这也是我们的社会不断进化、不断成熟的佐证。

老化问题不仅出现在日本，这也是发达国家共同需要面对的问题。其中，日本的老化现象最为显著，也最需要清除此问题所带来的后遗症。作为昔日战后复兴与经济高度成长的代价，日本正为急速老化的社会而苦恼不已。

在以欧美发达国家为主体的大集团中，日本是最后发展起来的国家。但是从新兴国家的角度来讲，日本又可以说是走在最前列的国家。其他发展中国家总是抱着"风水轮流转"的态度来观察日本的处理方法。进一步而言，或许发展中国家将会遇到比日本更严酷的情况。在人、物、钱、信息的流通速度极大增长的今天，所有事物的生命周期都在提速。越是后来发展起来的国家，虽然其成长速度也十分迅速，但是作为发展的代价，其国内的老化问题也会越早暴露出来。

发达国家的老化原因，主要在于人口的迅速增长，以及婴儿潮一代的老龄化和伴随着生活水平提高而来的少子化现象。在移民国家如美国和澳大利亚，这种情况显现得比较缓慢，但是西欧诸国目前都困于人口负债带来的劳动力人口比率严重低下的问题。

这里所说的婴儿潮，是指第二次世界大战以后，随着复原士兵的回归，在出生率明显上升时期出生的一代人。在1946—1949年出生的美国婴儿潮一代，基本约等同于日本的团块一代（1947—1949年出生），他们目前都已经迎来了65岁的退休年龄，从照料他人的一代变成了被照料的一代，不久之后，他们中的多数人应该都需要专门的看护来进行照料。

自20世纪90年代以后，随着新兴诸国的经济成长，相对而言，发达国家的地位逐渐下降。其在国际政治、经济领域存在感的下降又直接导致了国家整体"日渐黄昏之感"的增强。

前期高龄者：活跃的银发一族市场

从商业角度来看，中产阶级的老龄化，首先将会扩大活跃的银发一族的消费，之后，则会刺激医疗看护需求的增加。

短期至中期内医疗健康服务领域中发生的变化，可能会按照以下脚本进行。首先，在初级阶段，休闲产业将会进一步扩大，比如兼有健康诊断项目的医疗旅行，利用与日本的物价差前往亚洲旅游城市度假等。此外，美容与健康方面的需求也将逐步增加，因为老人们想趁着还能活动的时候，尽情享受余生，这种服务消费也应运而生。所以，退休后长期居住在诸如泰国和马来西亚等国家的需求正在急速增长。

婴儿潮一代，是支撑着很多发达国家战后经济发展的一代。他们有着"比起今天，明天将会更加美好"的原始体验，因此，他们也是把"竞争原理和消费当作一种美德"的最后一代。这一代人，身为充满生命力的银发一族，在歌颂第二青春的 21 世纪的 10—30 年代，将会成为奢侈品消费市场的主力。具体来讲，他们的消费增长将主要体现在旅行、兴趣和学习技能等相结合的快乐教育市场、宠物市场和与美容健康相关的治愈类市场等方面。

对于自己贫穷时期十分憧憬的高级汽车和装饰品的物质消费当然也不能缺，但是随着年龄的增长，他们对于持久性的消费品的兴趣将会大大降低，对于体验、感动等充实心灵的体验型软性消费则更感兴趣。学习某一种资格或技能，参与地方志愿者活动，通过心灵的成长和对社会的贡献来体会生命的充实，这种体验型的消费或许将会成为主流。

后期高龄者的看护市场

2030 年以后，活跃的银发一族的消费将会从顶峰开始下降。由于此前积累的社会财富被大大消耗，国家的财政情况将会不容乐观。不同年龄层之间的差距问题将会慢慢显现。面对基数相当大的老龄人口，目前看起来十分充裕的社会福利预算或许会举步维艰。以生活场景为例，老年人乘坐公共汽车不仅会享受到票价优惠，其他人也很难再坐到老年人专座上去。因为老年人人口数量实在是太多了。

当中产阶级进入老龄化后期，从目前的看护环境和沟通方法来看，我们是迫切需要对看护体制进行改良的。像现在这种在家庭内部由老年人照看老年人的模式不仅效率低下，而且也将成为一种社会问题。或者说，这也是一种社会基础设施，需要我们社会整体一起来谋求一种最舒适的环境。我们有必要创造一种集约型、高效率、高品质的看护体制。年轻人是一种宝贵的社会资源，应该投身到具有创造性、高生产性的工作中去，而不是照看老年人。

另一方面，我们要知道"需求是发明之母"。今后，从辅助看护机器人的研究，到维持老年人活力的手法开发，再到相关设施的经营技巧，各种各样的创新活动将会陆续面世。

此外，与遗产继承和葬礼相关的服务事业也会持续发展。伴随着个性化、世俗化的价值观的推广，家庭观念将逐渐变得淡薄，今后，不拘泥于世俗和传统习惯的葬礼和个性化的自由葬礼将会越来越多。

基于儒教价值观的老年人的权威与特权将会急剧萎缩。本来，大多数的"权威"就是一种与信息呈现非对称性的东西。此前，在家庭中作为家长的父亲，和企业与组织中的上级，就享有优先掌握信息的特权。但是，在高度信息化的社会中，为了提高经营效率，组织将朝扁平化发展，信息的共享程度也将进一步提高。因此，大家将不再承认权威的存在。只要是年长的人就能心安理得地享受按资排辈带来的特权，这种现象将会逐渐消失。

1700 兆日元隐形资金的使用方法

对于老年人来说，他最在乎的事情就是自己的寿命和剩余财产之间的平衡问题。在其去世后，还将留下财产的继承问题。由于今后日本还将定期上调财产继承税，并下调基本免税额度，人们对于像反向抵押贷款、资产管理、信托管理等私人金融服务的需求将持续走高。

日本的个人金融资产基本能够达到 1700 兆日元，这笔资金已经成为不断膨胀的巨额国债不会违约的信用证明，同时，它也是支撑着众所期待的银发一族市场的重要隐形资金。但是，我们应该看到，在 1970 年左右，日本人的家庭储蓄率曾属于世界最高水准（20%—25%）；到了 2000 年，这个数值则下跌到 5% 左右，比 OECD（经济合作与发展组织）诸国的平均值还低。如今，日本的家庭储蓄率已经跌到了最低水平（–1% 左右）。在长期持续的通货膨胀、经济停滞的情况下，个人将没有足够的资金去应对未来。与此恰恰相反的是，这段期间，日本企业的内部储备金却在持续增长（至 2015 年，已达到约 378 兆日元）。

老龄化问题所带来的社会负担已经给日本的前景投下了一片阴影，而这 1700 兆日元的隐形资金则可以说是民众对老年生活的准备金。目前，这笔资金迫切需要应用在银发一族的消费、老年人自身的看护费用、为消解各年龄层之间的差异而相继再分配的基本收入这三个方面。

无论是这三项中的哪一项，作为不会再出现的经济高度成长期的纪念品，这笔资金到底应该如何使用，已经不能再拖延下去。如果我们看准将来的发展趋势，把它应用在最合适的地方，那么答案已经呼之欲出了吧。也就是说，我们应该把它用在减轻下一代人的负担和培养人力资源方面。例如，2013 年的税制改革中，就曾引入一条"与教育资金相关的赠与行为，将免征赠与税"的制度，这就是政府在这方面的一项具体行动。

宿命般的少子化与简单的对策

少子化是伴随着社会近代化出现的一种普遍现象。其原因包括女性更多地参与社会、个人主义等多种因素，但是其主要原因还是因为"孩子已经成了成本中心（Cost Center）"。在近代之前的社会中，孩子是支撑家庭收入的重要劳动力，是利润中心（Profit Center）。孩子越多，家庭就越富裕。但是，在社会系统高度复杂的现代化社会，要想让孩子挣钱，首先需要对他进行长期的持续的教育投资，这才是少子化的本质原因，也是独立于各国不同文化背景之外的共通现象。

对于严重的老龄化问题来说，本质上的解决办法只能是人口的多产化。而这一方法所面临的最大障碍，就是不断持续增长的教育负担。反过来说，只要能够解决这一问题，老龄化问题自然迎刃而解。今后，个人如果不能掌握目前还在不断发展的专门技术，他就没有办法在这个社会上生存下去。但是，如果想要储备能够生存下去的专业知识，政府就必须在政策上首先解决教育方面的财政补贴问题。只有解决了这个问题，才能把笼罩在日本上空的乌云拨开一部分。

中老年人群再教育的必要性

良好的教育不仅对孩子来说十分必要，甚至对那些已经参加工作的成年人来说，也同样必要。就算从今天开始，出生率能够突然飙升，但是考虑到孩子成长所需要的时间，还是不能马上解决眼前的问题。我们已经无法回避劳动人口不足这一现实问题。

对策之一，就是推迟退休时间，继续雇用高龄员工。但是即便是高龄者，如果他不具备与时俱进的专业知识，那也无法产出价值。就算一名员工能够熟练掌握雇佣方所需的技能、储备了丰富的职业经验，但是想要在头脑里建立起一套成体系的知识储备也不是那么容易的事情。即便一个人掌握了某单一领域中的实战知识，如果没有理论体系作为支撑，知识也很难转化为价值。

要想解决这一难题，必须创造再教育的机会。也就是说，在一个人的职业生涯中，应该给他设有中长期的再充电的教育机会。就像大学教授的学术休假制度一样，我们必须构建一个再教育系统，雇佣方应该给职工一个长期的带薪休假，让他有时间为了自己将来的职业去积累知识。本来，学术休假制度，就是给像大学教授级别的、拥有高度专业知识的人去维持自己应有水平的特惠制度。在现今的知识社会中，普通人也应该享有这种制度的优待。

脸书（Facebook）公司就有自己的学术休假制度——"骇客月（Hackamonth）"，它的目标是定期提高技术人员的能力。2013年，日本雅虎（Yahoo）公司也导入了最长三个月的学术休假制度。

日本的企业内部教育和OJT（On the Job Training，工作培训）制度是比较发达的，但是在组织外部的社会员教育方面却十分薄弱。通过比较企业中25岁以上读过大学的员工比例，就会发现日本的比值（2%）在OECD各国（平均值为21%）中是属于超低水平的。就算排名在日本之后的意大利，此项数据也有10%。

今后，随着知识产业化的推进，高龄者对社会的贡献将是必不可少的。而其成功的关键，就在于社会人员的职业教育。换句话说，今后在面向老年人的教育领域中，必然会产生新的商机，它所指向的将是整个劳动者的职业生涯。

迫在眉睫的女性参与社会问题

至 2040 年左右，日本的劳动力将严重不足。社会将迫切需要老年人和女性参与到社会工作中去。但是，从女性的劳动力比率现状（图 7 上）中可见，在发达国家和地区范围内，日本的比值特别低。一个社会的成熟度与女性参与社会的比率有着紧密的关系。但是，正如本书前文中所述，尽管日本的社会已经极大实现了近代化，但在女性参与社会方面，仍然十分落后。现在，日本社会对是否雇用女性员工依然存在争议，但是到了 21 世纪 30 年代，这种争议将完全失去存在的余地。今后，日本女性将会迅速参与到社会中去，日本社会的风景也将发生翻天覆地的变化。

根据 OECD 发布的学生学习能力调查（Programme for International Student Assessment，国际学生能力评估计划），国家越是富裕，女学生的学习成绩就越是优秀（图 7 下）。在很多情况下，发达地区的女生成绩通常要好于男生。也就是说，在稳定的社会中，学生可能更有认真学习的倾向，而女性也更容易施展她的能力。遵从这一法则，日本也培养了大量女性人才，但是社会却没能充分利用女性的能力。这样巨大的损失，实在是令人可惜。今后劳动力不足问题将越发严重，也许政府将通过一切手段，改变现状。

女性参与社会与社会的女性化

在今后更加成熟的社会中，价值基准将更偏向于女性化。这并不仅仅是指女性作为一种劳动力对社会影响的提高。今后，在商业领域中，女性将成为服务产业中的主角，因此，我们应该从这一点上来考虑其不断增强的影响力。从男性与女性各自擅长的科目分析中也很容易理解这一点。在上述 OECD 国家的学习能力调查结果中，虽然在数学科目上，男性比女性的分数要高出一些，但是无论在哪个国家，女性的读解能力都取得了压倒

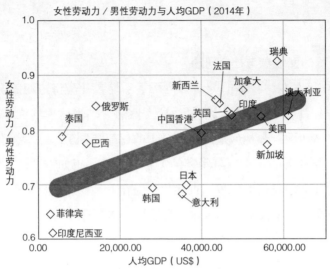

女性劳动力／男性劳动力与人均GDP（2014年）

出处：劳动政策研究、研修机构Databook国际劳动比较2016

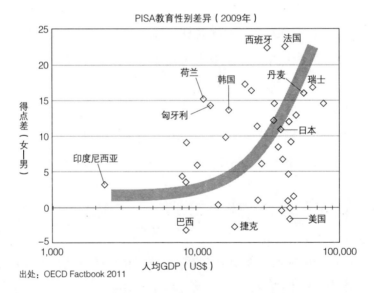

PISA教育性别差异（2009年）

出处：OECD Factbook 2011

图7　富裕程度与女性的劳动力比率／学习程度的关系
由 PISA 发布的学习程度的性别差

性的高成绩。物理和数学是支撑工业社会的基础，而在即将到来的服务型社会中，心理学和语言天赋的作用将变得更加重要。

可持续发展社会的到来也进一步推动了价值基准女性化的进程。我们将要面对的并不是一个新开拓的处女地，而是要在地球这个生态系统中，在人口将要达到100亿的情况下，维持一种和谐的生活状态。"可持续发展"一词，经常被人们与能源不足、资源枯竭等环境问题一起提及，但是究其本质，还是指人类要在封闭系统中，争取和谐地生存下去。从这一角度来讲，比起竞争型价值观，还是和谐型的价值观影响力更强。

在食品安全与地球环境问题、良心消费行为与 BOP（国际收支差额）、NGO（非营利组织）等相关问题上，女性的贡献度都要高于男性。在应对长期问题以及从弱者角度出发考虑问题等方面，女性的活跃程度更加明显，所以世界的发展也更需要女性化的价值观。这时，需要男性这一方作出改变。今后，都市中的富裕阶层中，将很快发生男性的女性化变化。或者正确地来说，应该是女性的男性化进程也在同时提速。从结果来看，或许性别的角色分担将不再像从前这样明确。

顺应这股潮流的新型市场其实已经形成。LGBT 经济就可以说是一种"眼下已经存在的未来"。LGBT 由 Lesbians（女同性恋者）、Gay（男同性恋者）、Bisexuals（双性恋者）和 Transgender（跨性别者）四个词的首字母组合而成，指的是性别问题上的少数派人群。

LGBT 市场拥有巨大的市场潜力，从目前的概算来看，美国就有 77 兆日元的市场，英国的市场则在 7 兆日元左右。在常见的服务业中，商家能否提供彻底排除差别因素的服务是成功与否的关键。比如，在宾馆办理入住手续时，如果是两名男性客人办理入住，宾馆是否能够很自然地为他们提供双人床房间的服务。在房间内，有没有为他们准备好两套剃须刀。像这种细节上的周到服务，正是 LGBT 市场中起到决定性作用的影响因素。在日本，如果提到性别差异，一般人都会想到是指男性与女性的差异问题，但是其实世界上已经有很多人在为中间性别者的权利而苦恼不已。今后，大学和企业想要招揽优秀的人才，为了不再局限于狭隘的挑选范围，有可能对性别差异的问题采取更加宽容的态度。

少子化、老龄化问题的终极王牌是宠物经济

在少子化、老龄化的社会中，有越来越多的夫妇选择不要孩子。而对于那些把孩子培养成人后的夫妇来说，剩余的人生还很长，这时能够替代"维系家庭的纽带"——"孩子"角色的就是宠物，因此，今后人们对于宠物机能的需求将越来越高。这里所说的宠物机能，包含有伴侣机器人和假想空间在内的一种拟人化人格。

例如，人们总说养狗能够带来很多意想不到的效果。从幼儿期的免疫力提高、成人后对疾病的预防、老年人的认知障碍预防和治疗效果等，最近有很多报告都阐述了在人的一生中，养狗所带来的功效。

从预防医疗的观点来看，与陪伴自己的宠物一起生活是一种具有高性价比的生活方式。再没有一种东西能够超越宠物带来的好处，它们不仅能够消除老年人的孤独与不安，还能带给老人继续生存的价值。宠物能够产生陪伴机能，因此它是一种高回报的投资手段；想要克服可称为是国难的老龄化问题，宠物就可以说是一张终极王牌。

提到宠物市场，首先想到的就是各种看起来像是为人类准备的奢华服务吧。从宠物美容院到按摩服务、从老年宠物用的尿不湿到医疗保险，甚至还有宠物的葬礼、宠物与主人的合葬等终极商业项目，只要是能够想得到的服务，市场都已经为宠物准备好了。

但是其中的关键因素，仍然与上述的 LGBT 市场一样，就是人们对于与宠物共同起居的生活方式是否具有足够的包容性。允许带宠物的住宿设施、饭店，还有可以带宠物上班的工作环境等，作为一种社会意识类基础设施，提高大众对宠物的包容性是今后一项很重要的社会课题。目前，在国外已经有很多办公场所允许带宠物上班。根据全美宠物商品制造者协会2011 年的调查，美国每天约有共计 140 万的主人带着宠物狗上班，宠物狗数量约 230 万只。在很多初创企业，就存在不少因为员工可以带着宠物上班，公司销售量不断增长的例子。想要招揽优秀人才，公司也很有必要在

这方面下一番功夫。

包含猫咪经济、小鸟咖啡店、小狗员工以及陪伴机器人在内的各种宠物经济形式，已经成为老龄化社会中人们对宠物机能极度需求的表现，因此，其今后的发展不容小觑。

振兴地方共同体的年轻人表现出地方化趋势

伴随家庭形式逐渐演变成核心家庭（成员只有夫妻二人和未婚孩子），家庭人口数量减少，人们对于亲戚之间血浓于水的感情也不再如以往一般重视。对地缘、血缘的感情不断弱化，地方共同体走向崩溃，这正是目前战后日本典型的社会趋势。像多摩地区（东京都）和千里地区（大阪府）这类处于都市近郊的新兴城市，已经逐渐成了老化城市，被剩下的独居老人和数量庞大的闲置住宅已经成为一种社会问题。

在这样的状况下，诞生了一批预示着今后日本年轻人行动原理的新人类。我们把他们称为"地方化"的人，意思是"喜欢当地"的人。其中的典型，就是生活在柏市、相模原市等大都市周边卫星城市的年青一代，他们是"团块世代"的下一代（出生于1971—1974年）之后的一批人。这些从小生长在周边卫星城的一代人，并不像他们的父母一样对大城市着迷，同时，由于在他们懂事的时候，日本已经十分富裕，因此他们对"舶来品"也并不持有一种自卑心态。从高科技产品到流行歌曲，这些年轻人从小就被世界一流的日本产品所包围，因此他们也不曾有过文化上的空窗期。

这代人对海外世界也并不像他们的父母一代那么关心，对都市中心地区的憧憬之情就更加淡薄。当地百货商店、大型商场、大型超市等都市消费场所一应俱全，这让人实在很难感受到哪里特别不方便。对东京并不怎么憧憬，对巴黎也不感兴趣。如果说兴趣中本来就含有"自卑的明证"，那么这代人对这些都毫无兴趣，正说明了他们是在优渥的环境中成长起来的。

进一步而言，这一代人不曾目睹日本工业技术的快速进步和日本的高速成长，从青春期到参加工作，他们不曾经历情感急剧变化的青春，所以他们是"失去的20年"一代。他们生来就和经济十分景气这种大环境无缘，因此，我们也可以说他们是发达社会的产物。

或许由于生长在这样的环境下，这一批地方化的年轻人并不关心周遭世界，他们关心的对象仅限于身边亲友，自己的行动范围也不超出当地的区域。从小学时代就结交下的当地朋友，永远是自己的优先事项。因此就算他们参加工作，也更希望选择做不会经常更换地点的限定员工，对于出人头地，也不抱有太大期望。从结果来看，他们的收入并不一定很多，但是却能够充分享受到当地生活，我们称之为"现实充实者"（指现实生活非常充实的人）。他们的父母都曾被教育"竞争和消费是美德"，所以在父母看来，这些年轻人的生活好像总是缺点什么，但是反过来讲，这些人也不会像父辈一样苦于自卑感而无法自拔。

对于这些地方化的年轻人，我们更应该关注的是，他们自身具备了一种促使已经消失的地方共同体获得新生的力量。与父辈相比，他们对当地持有更深厚的感情，也更积极协助当地举办的活动如庙会等传统祭典。他们曾亲眼目睹自己的祖辈为了工作而变成"社会的奴隶"，所以他们选择把与周遭的联系当作自己最重要的事情。可以说这是日本战后一度消失的一种行为模式，也是一种与电影《永远的三丁目的夕阳》一致的价值观。或者说，这种地方化的趋势，是日本人在体验过从战后的高度成长到经济泡沫破裂，再到长期的通货紧缩这一系列的生命周期之后，终于逐渐走向成熟的结果。在大都市周边的卫星城市，隐藏着让地方共同体获得新生的可能性。

自治体与基础设施的老化

成熟与衰老并不仅仅是人类需要面临的问题。目前，日本的地方村落同样面临着老龄化和人口稀少的问题。截至2010年，日本65岁以上的人口比例超过50%的村落超过一万个，而在此前的4年间，这个数字就增长了28%。

一旦这种聚集村落形成规模，社会基础将很难维持下去。首先，商店和加油站都将逐渐消失，地方文化宫和道路也将逐渐荒废。慢慢地，将有更多的耕地和有专人管理的森林将被废弃，土壤灾害和洪水也将随之而来。被剩下的老年人只能选择搬到就近的城市，而空无人烟的村落将逐渐被人抛弃。在日本的 1719 个市町村单位中，已经有 775 个，也就是说 45.1% 变成了人口稀少地区。从面积上来讲，全日本 378000 平方公里的国土中，有 216000 平方公里，也就是说在 57.2% 的国土面积上都呈现出人烟稀少的状况。再从人口角度来讲，全日本 12800 万人中就有 1000 万人，也就是 8.1% 的人生活在这些人烟稀少的地区。日本已经没有财力再去维持这些少数人的生活。在日本总人口持续减少的进程中，截至 2050 年，首都圈和大阪地区的人口仍将继续增长。要想抑制这样大规模的人口动态现象，是非常困难的。事实上，日本已经面临着来自时代的拷问：如何能够让这场大都市人口撤退战最终实现软着陆？

但是，即便是在这样严峻的情况中，也有一个地方保持着 1.86 的出生率，那里被地方自治体工作人员称为"奇迹之村"。这就是长野县的下條村。这里从 1992 年就开始采取了非常大胆的少子化对策。当地政府一边为了引导年轻夫妇采取各种优惠政策，一边又逐步实现了轻量化的行政作风。其中，核心政策之一，就是采用了居民参与型的基础设施建设方案。道路和水渠等土木工程作业都是由当地居民自行修建，而村政府只负责为他们提供资材与重型机械。这样不仅节省了公共事业的成本，也促进了村民对公共财产的珍惜之情，进一步加强了村民间的团结。由此，各地的地方政府也开始学习这套方针政策。

目前，日本全国都面临着与下條村类似的社会问题，随着社会基础设施的老化，其维护、更新都是一项巨大的负担。日本或许应该向提前经历老化问题的欧美各国学习经验。他们所采用的办法，就是充分利用民间企业的资金与运营技巧。例如，美国就不断提高村自治会的自治权力，甚至赋予他们法院的职能。在商业改进区（Business Improvement District），地权拥有人可以全权负责当地的经营活动。对于被称为地方共同体法庭（Community Court）的基层法院，政府也赋予他们对"影响生活质量犯罪

（Quality of Life Crime）"的轻罪（如在路边做生意、随意涂鸦和乞讨等）进行监管和处罚职能。这些职能最终被证明能够有效防止当地地价下跌，而运营资金则由官民共同筹集。这种始于纽约的管理系统正逐渐由全美向海外扩展。

在第二次世界大战前的 20 世纪 30 年代，美国的公共投资达到了顶峰。至 20 世纪 70 年代，一些老化的桥梁开始出现坍塌。20 世纪 80 年代以后，国家不得不增加对基础设施的维护管理预算。在日本全境，超过 15 米以上的道路桥梁，总计有 157000 座，其中，截至 2011 年，建筑时间超过 50 年的桥梁约有 13000 座，占总数的 9%。到 2021 年，这个数字将占到 28%；至 2031 年，这个数字将会急剧增长到总数的 53%，也就是 83000 座桥梁。为延长桥梁的使用寿命，日本必须马上构建起一套包括对桥梁进行维护、修理等工程在内的预防保护体制。

美国的移民体系中有一种叫作"EB-5"的制度，根据规定只要对美国进行 50 万美元以上的投资，并且拿出雇用 10 人以上的经营计划，就可以得到在美的永久居住权。据说，获得这种签证的人口八成以上都是中国人。美国不仅把这项投资移民政策灵活运用在基础设施的资金调配方面，在滑雪度假村和学校的建设、老旧基础设施的维护方面同样也可以看见这项政策带来的影响。可以看出，美国为筹措资金，实在没少动脑筋。

20 世纪 60 年代正值日本的经济高度成长期，日本政府曾经对国土开发进行集中投资，随着近年来这些设施使用寿命的临近，当时那种急于求成搞建设的负面影响逐渐显露出来。然而，同样的问题也出现在发展中国家。越是经济增长速度快的国家，它就越是不得不兴建一批包括基础设施在内的突击工程。后来发展起来的国家，其发展速度越是迅猛，这种后续问题也越是严重。对于东南亚的新兴国家来讲，它们在向日本求解的同时，也没有浪费时间，因为向日本学习来的知识技术马上又成为它们发展经济的强力武器。

从个人到大企业的各方面对策趋向

在经济高度成长时期，国家的任务就是进行"财富的再分配"；但是对于发达国家而言，它们的任务重心已经转移到"对负担的再分配"。这里的负担主要指的是已经成为社会问题的老年人和苦于各年龄层之间差距的年轻人，这些都是经济高度成长的产物，是国家对社会负担进行再分配时无法回避的问题。

最好的解决对策，就是依靠经济复苏所带来的税收增长，但是想要实现过去那种经济的高度腾飞，从经济构造上来讲是不可能的。为了减轻社会负担，国家的施政方向应该是构建一种官民融合、国民全体互帮互助的体制。总结各方面对策的发展趋势，我们可以从政府、企业、自治体和个人四大角度来进行回答。

政府：公共事业的民营化与官民互补

近年来，"政府2.0"、"行政2.0"、"地方自治2.0"等趋势越来越明显。伴随着社会的成熟，国家的财政状况日趋吃紧，政府想要维持行政服务已是举步维艰。其中的原因之一，就在于国营单位的低效。以日本为例，包含道州制和特区构想在内，今后，政府将以地方政府为重，逐渐缓和或废止对民间经济活动的许可、确认、检查和申报等限制性规定，并着手进行政府的分权改革。在这类问题上，英国的很多做法值得参考。例如，英国研发了一款名为"修理我的街道（Fix My Street）"的手机应用。市民如果发现道路设施受损或者有人非法投掷垃圾，可以用这款软件向行政单位报告，之后，行政单位将根据需要组织人力采取相应行动。在日本，千叶市等城市已经开始讨论引入这款软件。

企业：社会公共机关化

另一方面，现在的社会环境已经不再允许大型企业只顾追求自己的经济利益了。社会要求企业进行透明化的经营，并希望企业能够听从社会的要求。进一步来讲，对地区的贡献度和CSR（企业社会责任）等反哺社会的行为也将成为企业理所当然的责任。特别是自从2008年美国雷曼兄弟公司破产以后，社会要求激进的金融资本主义进行反省，大企业也要作为一种社会公共机关去开展活动。

自治体：共同体的重生

自从人们开始对过分的核心家庭化趋势和个人主义进行反省之后，社会全体开始追求现实世界中共同体的重生。比如，合租在年轻人之间非常普遍，而可供几代人同堂居住的住宅也开始慢慢出现在市场上。特别是自东日本大地震以后，人们再次意识到了家族情感与地域共同体的重要性。在这样的趋势下，人们在日常生活中，就能以更高效率去照顾独居老人。

个人：随着文化的成熟，开始参与到奉献社会的活动中去

近年来，人们对于参与奉献社会的活动意识明显增强。年轻人积极参加 NGO（非政府组织）、NPO（非营利组织）等组织的活动。而人们对公平交易、良心消费和乐活行动的积极协助，不仅仅是出于地震带来的影响，其中更能看出世界整体对可持续发展社会积极追求的趋势。就连表面看起来十分不同的温顺派不良少年和地方小团体这些年轻人集体，也开始享有共同的发展目标。他们的共同特征是：都非常珍视自己所属地域中存在的共同体。

小结

在少子化和老龄化问题上，日本可以说是领先全球，早早背负起了老龄化社会的负担。想要弥补这一问题带来的负面影响，国家在接受新移民的同时，还需认真对待老年人的再教育问题，力求让他们再次成为社会可用的劳动力。

其次，由于女性开始真正地参与到社会中来，企业与社会将发生巨大的改变。"食草男"和"肉食女"越来越多，第三性的人群也逐渐得到大众的认同，人们对于性别的角色分担意识将变得越来越模糊。

此外，为了减轻看护老人的负担，社会开始追求一种自成体系的、集约型的看护体制。同时，人们也开始重新审视宠物的作用，对于能够提高老年人生活质量的商业需求也逐渐走高。

另一方面，出现在大都市周边地区的新人类地方小团体，已经成为让

地方共同体获得新生的重要力量。他们中的一部分人，甚至已经成为老人看护体制和旨在让地方区域获得新生的官民合作体制中的旗手。用全球视野来看，这种倾向与重视朋友之间感情的千禧一代存在很多共通之处。

在陷入财政困难的政府与行政单位面前，通过官民合作体制，人们正在积极建立一种能够维持社会保障、维护老化的基础设施、保护人口稀少地区社会的工作框架。社会对企业的要求也更加复杂，企业不仅需要承担社会公共机关的责任，还需要履行一部分行政单位的职能，积极参与到NPO和社会经济中去。

如此，上文所述种种应对老龄化社会的对策，已经成为早晚也要步入同样生命周期的亚洲诸国的先行模式。对于日本来说，目前采取的努力也是为将来服务出口产业发展做知识和技术准备。

第二大趋势

新兴国家崛起：巨大新商机

21世纪，是新兴国家和地区大大提高自己存在感的时代。

一直以来，曾经的殖民地亚洲、非洲都被称为新兴国家。20世纪50年代，亚洲殖民地国家取得独立；1960年，非洲先后有17个国家获得独立，这一年也被称为"非洲独立年"；至20世纪70年代，中东诸国也逐一获得独立。进入20世纪80年代，当时被称为新型工业化经济体（NIEs）的东亚、中南美各国或地区的经济发展逐渐步入正轨。其中，被称为亚洲四小龙的韩国、新加坡、中国台湾地区、中国香港地区的发展尤为引人注目。在1993年的世界银行报告中，这一现象被称为"东亚的奇迹"。

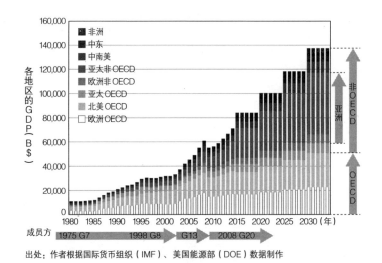

出处：作者根据国际货币组织（IMF）、美国能源部（DOE）数据制作

图8 世界的GDP预测

自1997年亚洲金融危机开始，亚洲经济就进入停摆阶段，这时作为投资资金的接收方，中国大陆的经济开始抬头。从2005年左右开始，以中国为首的"金砖四国"BRICS（巴西、俄罗斯、印度和中国）成为世界经济的引擎，世界新兴国家的经济再次出现突击式的成长。与此相对，自

2008 年美国雷曼兄弟公司破产以后，欧美发达国家的经济就出现急刹车，衰退的发达国家与不断成长的新兴国家之间的形势差异越来越明显。

八国集团首脑会议（G8 Summit）是继 20 世纪 70 年代建立的七国（法国、美国、英国、西德、日本、意大利和加拿大）首脑会议的拓展和延续，但是从 2005 年起，这个团体也开始谋求新兴国家的参与。这一年，被称为 Outreach（延伸国家）的 5 个国家（巴西、中国、印度、南非和墨西哥）作为观察员也参加了会议。在股票市场中，以这一时期为界，金砖四国的股票市场急速腾飞，与发达国家的停滞也形成明显对比。至 2010 年，从新兴国家中发展出来的 G20（20 国集团）多级体制已经让世界不得不承认它的存在。现在，全世界 90% 的 GDP 都产自 20 国集团中的国家。而根据国际货币基金组织的预测，至 21 世纪中叶，新兴国家生产的 GDP 总值将超过世界总量的 50%（图 8）。在接下来的半个世纪中，世界的角力关系将发生激烈的变化。

从国际收支情况来看日本与新兴国家的关系

与成长显著的新兴市场相比，日本应该如何发展相关经济是一个很重要的问题。在本节中，笔者将从生命周期理论出发，对各国在各自成长阶段中都培育了哪些产业展开分析。

首先，如图 10 所示，我们来看一下日本的经常收支变化图。从图中明显可见，自 2005 年左右开始，日本的贸易收支情况急速恶化，2011 年则出现了 31 年一遇的财政赤字。这种变化时间正好与金砖四国各自股票市场开始急速发展的时期相吻合。

在日元升值、日本苦于通货紧缩的这一时期，日本的制造业逐渐向海外转移，这部分收益和从海外据点获得的短时间收益，终于平衡了国家的收支情况。如今，支撑着国家经常收支的重要支柱仍然是日本在海外的所得收益。国家的经营状况已经完全变了样。在这一点上，日本与至今仍靠贸易收益支撑国家经济的德国和韩国全然不同。

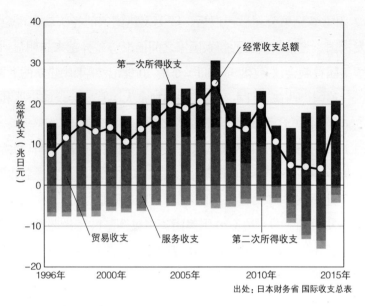

图 9　日本的经常收支变化图

出处：日本财务省 国际收支总表

　　近期，由于原油降价和日元贬值，日本的收支情况总算有所好转。但是，鉴于日本的制造业已经大范围转移到海外，日本的贸易收支不可能再回到从前的状态。日本曾经在战后的经济高度成长期中获得了巨大成功，20 世纪 70 年代，国家奠定了强大的制造业基础，除了第二次石油危机时期以外，日本依靠贸易立国，从未陷入过财政赤字的困境。换而言之，可以说日本以危机为跳板，大范围内改变了国家的形态。然而，必须指出的是，日本的进出口绝对值分别达到了 70 兆日元。在这样的情况下，尽管在两项数据之差中出现了赤字，但制造业仍然是日本的基础产业，这一情况没有发生变化。

急剧下降的贸易收支与成熟的机电一体化技术的关系

　　新兴国家的成长背景中包含多种因素，其一就是机械电子学技术的成熟。现在，人们已经进入了一个谁都可以轻易生产 IT 高科技产品的时代了。

　　举一个通俗易懂的例子来说，大家知道伺服电机可以提供反馈操作。

在过去模拟信号的时代，类似 DVD 播放机等电子设备的生产，需要极高的加工精度才能实现机器的高速运转。这时，只有依靠精密的配研工艺，才能抑制轴心偏离或轴心晃动等问题。但是，随着微型电子计算机性能的提高，伺服电机的出现大大降低了这种加工精度的重要性。通过反馈操作，就能够抑制机器回转动作中的细微晃动问题。因此，如今的机器已经实现了自动修正轻微晃动的功能。

借由这项技术的进步，如今的电子工厂已不再需要精密的生产技术，因此东南亚的中小企业也像雨后春笋般拔地而起。现在，一盘可供视听的电影光碟不仅价格十分便宜，人们甚至也可以很轻松地购买光碟播放器本身。从 20 世纪 90 年代后半期开始，借助这样的生产结构，数字技术已经在电子机器中得到极大普及，而日本曾经引以为豪的"配研"技术制造业和以垂直统合型模式为基础的电子产业已经风光不再。

在这期间，台湾的 IT 业代表企业——宏碁公司的施振荣名誉董事长就曾经提出了微笑曲线理论。他预言价值链的上游工程（商品企划与零件制造）和下游工程（流通、服务、维护）附加值比较高，而中间工程（组装、制造工程）将被今后的新兴势力——EMS（电子产品委托加工生产厂家）企业夺去利润，附加价值会不断下降。伴随着数字化的发展，电子产品的生产将演变成一种类似把模块化的零件像堆积木一样精细加工组装的模式。由于加入制造业的技术壁垒不断降低，因此，制造据点不断从原产国转向新兴国家。

从商品贸易中看到的成熟过程

近年来，在电子产业中发生了明显的技术商品化现象，那么在其他的制造业中，又有怎样的变化呢？比如，制衣与食品加工也属于制造业。让我们把视野放宽，从与国际贸易相关的所有商业资材的收支情况出发，来看看在工业之外，农业与矿业的情况如何。

表 2 是世界六个主要地区的产品进出口情况（按产业分类）。用出口能力比值来看各产业的出口竞争力，我们把它按从〇—×进行了归类（出

口能力比值＝（出口－进口）÷（出口＋进口）。其中，出口能力最高的产品领域，用3个白色圆圈表示；出口能力最低，或者说依赖进口的部门则用2个×来表示。如表所示，从上到下，是按照日本各产业出口竞争力的高低进行排列的。最上方的"运输机器"是日本最赚钱的项目，而最下方的"谷物"和"铁矿石"则基本全部依赖进口。

表2　各产业的出口竞争力比较

出口能力比值（%）：（出口－进口）/（出口＋进口）		ASEAN4	中国	亚洲NIEs3	日本		EU15	美国
加工类	①运输机器	△	●●	●●	●●●	78	●●	△
	②半导体制造器材	××	××	××	●●●	76	●●	●●
	③钢铁制品—短时制品	×	●●	●	●●	51	●	△
	④普通机械	●	●●	●●	●●	46	●●	△
	⑤计测器等计算测量类产品	●	×	△	●●	39	●●	●
	⑥塑料—橡胶	●●	△	●●	●●	33	●	●
	⑦IT类零部件	●	×	●●	●●	30	△	△
	⑧精密机械	△	×	●●	●●	26	●●	●
	⑨电器机械	●●	●●	●●	●●	17	△	×
	⑩IT类成品	●●	●●	●	△	-2	△	×
	⑪杂类产品	●●	●●	●	××	-50	△	××
	⑫纤维制品—服装	●●	●●	●●	××	-61	△	××
	⑬医药品等医药类产品	××	×	△	××	-68	●●	×
	⑭加工食品	●●	●●	×	××	-82	●●	△
天然类	⑮矿物性燃料等	●	××	××	××	-89	×	××
	⑯油脂等动植物制品	●●●	××	××	××	-91	×	●●
	⑰谷物	△	××	××	××	-100	△	●●●
	⑱铁矿石	×	××	××	××	-100	×	●●
总计		●（+4%）	●（+4%）	●（+1%）	△（-2%）		△（-1%）	×（-20%）

出口能力比值	顺差60%以上	●●●
	顺差10%以上	●●
	顺差0%以上	●
	逆差1%以下	△
	逆差20%以下	×
	逆差60%以下	××

出处：作者根据JETRO的"世界与日本的贸易投资统计2011"制作

从这张表中我们可以看出很多事情。"运输机器"，也就是与汽车相关的产业是对日本赚取外币贡献度最高的制造业项目。"半导体制造器材"、

"计测器等计算测量类产品"和"精密机械"等与生产资料关系非常紧密的项目出口能力也很强。其次，在"钢铁制品—短时制品"与"塑料—橡胶"等产业材料方面，日本也维持着自己的优势地位。然而，日本在20世纪90年代曾夸下海口称无人能敌的"IT类成品"却早就呈现出进口超过出口的局面。这与上文提到的来自数字化、模块化的技术考验是相通的。但是，在同样属于IT相关产品的"IT类零部件"领域，可以看出日本仍占据优势。就像商家秘传的酱汁一样，就算有人把电子设备产品拆开来看，也不一定就能明白其中的生产工艺，所以，电子产品并不像组装产品那样轻易地就能被其他国家追赶上来。

从横向上与其他地区的比较来看，我们就能发现制造业的成长过程。日本的得分基本相当于欧盟15国总值和左侧亚洲NIEs（新型工业化经济体，韩国、中国台湾、新加坡）三家总值的中间位置。亚洲NIEs经济体的核心产业是从"塑料—橡胶"产品到"纤维制品—服装"等领域，相较日本，其实力稍微靠后。中国则是在更往下的从"电器机械"到"加工食品"领域中独占鳌头。而ASEAN（东南亚国家联盟）四国（泰国、马来西亚、印度尼西亚和菲律宾）的出口产品则集中在"IT类产品"、生活小百货和天然产品、矿物性燃料、油脂及其他动植物产品方面。

特别值得一提的是"IT类成品"的坐标。其生产地点已经由韩国等NIEs经济体逐渐转移到中国和ASEAN国家中去了。如果一个国家或地区具备了生产"纤维制品—服装"，或者是小物件的生活小百货的工业能力，那就意味着它可以进行以智能手机为代表的高科技IT机器的组装工作。这一结果也正如上文所说，证实了科技数字化、模块化给这些国家或地区带来的好处。

再来看一看欧盟15国的成绩，如表2中所示，基本可以认定其情况甚至比日本还要萎靡。其实，欧盟在电子学领域中，基本已经丧失了市场竞争力。并且，欧盟在"IT类零部件"和"电器机械"方面也出现了赤字。在高科技产品方面，依靠着汽车和计测器等计算测量类产品，欧盟国家还维持着一定的优势。但是，欧洲竞争力最强的产品其实集中于医药类产品方面。像英国的葛兰素史克股份有限公司、法国的赛诺菲公司、瑞士的诺华公司和罗氏公司等制药公司都有自己的大型农场，这是日本公司无论如何也无法企及的。

医药领域其实是材料产业中附加值最高的领域。伴随着今后老龄社会和生命科学时代的来临，可以说医药领域将在今后的生活中占据重要地位。仅凭这一点，各国就应该向欧洲学习，强化自己在这方面的实力。

日本之所以在这一领域落后，最大的原因可能在于动作太慢。新药与新开发的医疗器械，从临床到获得认可，再到实现应用需要花费大量的时间。新的医药品与器械的开发流失海外，转移到了欧美国家。在器械方面，日本与美国之间的耗时差距约为 22 个月（开发多耗时 16 个月，审查多耗时 6 个月）；在药品方面，日本也比美国多耗时 14 个月。这已成为严重制约日本医药行业发展的桎梏。不过，在最新包含有再生医疗等方式在内的 iPS 细胞工程领域，有动向显示日本为吸引研发落户日本，正在积极采取行动。据说，在再生医疗制品方面，政府正在商定适用于医疗机关的临床研究和企业进行临床试验的新的共通政策。让我们期待今后日本政府的表现吧。

国家的成熟与主要制造业的变化

至此，我们基本能够理解如果从生命周期的视点出发观察近代工业化的发展，就会发现核心领域的移动基本是从 ASESN → NIEs →日本→ EU。如果总结一下给工业国家带来富裕的产品成长过程，会发现其中存在如下的转移过程：

（1）ASESN 国家基本处于依靠谷物、燃料、食品加工和油脂等动植物制品获利的阶段。

（2）中国处于依靠生活百货、纤维、服装和 IT 类成品获利的阶段。

（3）亚洲 NIEs 三家经济体正处于可以制造汽车、钢铁、塑料类产品的阶段。

（4）日本能够制造精密仪器、计测仪器和 IT 零件，在化学工业产品和金属等毛坯件制造方面占有优势。

（5）EU15 国已经处于依靠精密仪器、汽车、医药品及高附加值食品获利的阶段。

传统的发展模式，正如日本曾经切身经历过的那样，是按照"农产品→食品加工→服装→百货"的顺序逐渐发展。但是进入 21 世纪，这套顺序已经发生了巨大变化，其前行的速度开始急剧增加，其原因在于新型的商业模式——IT 产品的组装工厂开始出现，即便某些国家并不具备丰富的制造业经验，它也可以像拼装乐高玩具一样完成产品的组装工作。

只要在生产现场亲身体验过，就可以切实提高管理层在工业生产现场所需的常识水平，其中包括从品质管理的顺序到对从业人员的教育手法等。这样一来，管理层就会逐渐认识到自我完善也并非遥不可及，并在此基础上逐渐确信，工厂依靠自己的能力也可以进行商品研发。

走在前列的 NIEs 三家经济体已经从这一阶段毕业，但是在模拟度较高的计测仪器类、机械装置类和高精度的金属材料领域，它们很难追上早已发展起来的日本与欧洲。同时，在 IT 机械与电器制品等领域，其他国家和地区也在不断追赶。由此，NIEs 三家经济体已经陷入了一种三明治式的夹心状态。韩国贸易协会国家贸易研究院研究表明，在材料、零件领域，韩国对日本的贸易收支赤字持续膨胀，而韩国从中国进口的 IT 机械用零件比例也在持续走高。韩国对此现象不禁流露出一种危机感。

除此之外，从这张表中还可以看出，"美国的情形"与其他各个地域都大相径庭。美国有着坚实的国家基础。它不仅是一个毫不动摇的、科学立国的国家，从给国家带来财富的战略产业——油脂等动植物制品和谷物来讲，它又是一个农业国。但是再从它出口的产品中还包括铁矿上来看，它的外部形态又像是一个发展中国家的样子。在对其他国家来讲属于致命弱点的燃料方面，美国也得天独厚，拥有页岩气和页岩油等丰富资源，可以说是无敌的状态了。这个国家和地球上的其他国家都不一样，是一个特殊的国家，它的发展模式也是其他国家无法模仿的。

成长周期的压缩化

"数字化→模块化→商品化"是在电子机械产业中确立起来的胜利方程式,近年来,这个流程的发展速度越来越快,简练的一条龙工程制造流水线与工厂本身都作为一种捆绑商品实现流通。在太阳能电池产业中,最明显的例子就是一揽子交钥匙成套设备出口模式。"只要旋转钥匙,马上就能使用"的对象,已经超出了零件、产品的范围,现在已经扩大到包括工厂在内的广泛领域。

即便在基础研究和生产技术开发领域不做投资,想要在短时间内生产同等的、性能近似的产品,进而收回资金都并非不可能。换句话说,开发与生产工程本身已经变成了一种可以买卖的模块化单位。

这样,就形成了一种新型的操作效率竞争,即怎样在必要的场所范围内、以最短的时间进行商业资源的调配。只有尽早构建起自己的商业模式,才能尽快赚取利益,一旦竞争者追上来的话则马上撤资。如此,能否使资金实现快速循环的竞争就出现了。如果有一种商业模式能够让自己很快追赶上先行者,那就意味着你自己也将很快被后起之秀迎头赶上。经营者已经没有时间大发感慨,他们必须为接踵而至的循环周期做好准备,在比拼经营速度的经济构造中找到自己的位置。

城市基础设施的模板化

如果对交钥匙工厂的概念进行更深层次的思考,就会发现都市的基础设施也作为一种系统呈现出模板化趋势。也就是说,就连城市开发工作本身也变成了交钥匙解决方法中的"打包任务"。目前,中国诞生了200多个人口超过100万的城市,人口流入城市的速度也在不断增快。由于澳大利亚和加拿大的一些城市都因适宜居住而出名,因此这些城市之间展开了激烈的竞争,希望自己能够接到中国各地的城市设计业务委托。当今社会已经没有时间让人们静下心来好好设想自己的城市应该设计成什么样,国家必须创造出能够实现量产的魅力都市。现在的社会,比起国家之间的竞争,都市间人、物、金钱的拉锯战已经到了白热化阶段。印度早晚也将面临同样的情况。

正是由于国家这个单位在机动性上的迟缓，目前才出现了各个都市都非常强调自身特点的现象，例如经济特区、教育特区和医疗特区等，每座城市都在谋求与其他城市的差异化和经济的高度成长。如今的城市开发已经和按照市场原理行动的企业经营别无二致。如此，城市和国家的成长模式都表现出交钥匙的发展趋势，彼此之间陷入了混战局面。

今后，资源枯竭问题和地球环境问题等将进一步恶化。随着本国国民的思想进步，各个国家都希望本国能在人权问题和环境污染等敏感的议题出现之前，尽早搭上"经济成长的快车"，因此各国都在对彼此的关注下暗暗较劲。

基础设施出口的概况

面对上述情况，发达国家的基础设施相关出口产业形势一片大好。从 2005 年起，新兴国家的基础设施市场需求，在 5 年间扩大了两倍，销售额达到 1 兆美元。其中，约六成都来自海外销售额（图 12）。加入国际性基础设施产业的壁垒是比较高的。拥有丰富市场经验的欧美企业具有很强的竞争力，而日本企业所占的世界份额只有不到 4%。尽管如此，不断增长的市场需求还是为日本、韩国和中国的企业带来大量商机。

日本的基础设施产业一直以来都以内需为主要业务，即便是出口，一般也多停留在分包商身份或装置类的单品销售层面。但是，在对越南、立陶宛和土耳其等国家的核能发电站建设工作，以及对中国台湾地区的新干线出口业务上，日本所持有的硬件从性能上来讲占有一定优势，因此日本也取得了一定的成功。但是，和世界其他强国相比，日本与他们的差距仍然很大。

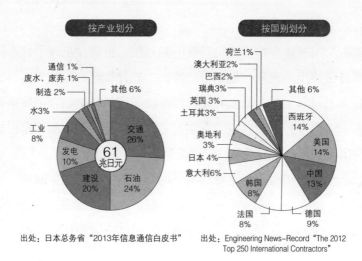

出处：日本总务省"2013年信息通信白皮书"　　出处：Engineering News-Record "The 2012 Top 250 International Contractors"

图 10　在基础设施领域日本所接订单市场

　　在日本经济产业省对未来的产业构造设想中，今后日本应该重点关注"与基础设施相关的系统出口"领域，其中包括电力、水、交通、信息系统等各种实用性的公共基础设施，以及宇宙开发产业和城市开发等业务在内共计 11 个领域。在这一过程中，官民协作将发挥重要作用，例如包括日元贷款在内政府提供的金融支援、设立基金和进行投资支援等。

　　日本的技术与品牌效应能否在今后的城市基础设施建设，特别是环境领域产生市场需求，备受国民的期待。根据国际能源署（IEA）发布的报告，通过改善目前世界上正在建设中的都市交通基础设施的工作效率，至 2050 年，将能够节省 70 兆美元的能源浪费。举个例子来说，智能城市目前正以 16% 的年增长率快速增长，根据预测，至 2020 年，其市场规模将达到 2.4 兆日元。从安全、清洁、高科技和环保四个角度来看，智能城市的发展使日本的城市建设技术产生了名牌效应，民众也对包含都市设计、企划在内的智能城市领域抱有很高期待。

基础设施的终极目标

　　日本进入基础设施建设领域的时间比较晚，要想避开和中国等国家的成本竞争、实现自己的价值，关键的一点就是能否找到决定一座城市价值的决定性"概念"。如何设定这种概念，之前的"模本"将会成为重要的灵感来源。比如说导入华沙风格的最新地铁系统，装配阿姆斯特丹风格的智能电网，采用硅谷风格的智能共同体模式等，我们可以找到许多呼应不同阶层需求的、××风格的先进模本。在这样的分层结构中，处于"最上层"的内容层，是带有感性商标的模范城市。比如说，艺术之都巴黎、音乐之都维也纳、水城威尼斯等等，这些著名城市的修饰定语已经成为人们憧憬的对象，也是设计师在进行城市整体设计时的参考对象之一。

过去曾有一段时间，东京的表参道被大家称为"日本的香榭丽舍大街"。如今想来，这种称呼多少让人觉得有些羞耻，但是在昭和时代，这种近在咫尺、新奇的榉树林荫道还是让日本人幻想这里就是巴黎的街道。"××地方的巴黎"在全世界到处都是。"中东的巴黎"是贝鲁特，"南美的巴黎"则是布宜诺斯艾利斯，而胡志明市也被称为"东洋的小巴黎"。

日本经济产业省在"酷日本（Cool Japan）"文化建设工程中，正在探讨出口银座、涩谷模式的可能性。这种模式是指囊括时尚与餐饮等相关品牌在内的一整套系统，政府希望能把它出口到其他国家。其中，关键的一点是它得像迪士尼乐园一样含有一种主题概念。

其实，这并不是一种全新的理念。例如，阪急电铁的创始人小林一三，就因把铁道经济的概念提升到都市设计、地域设计等高度而享有盛名。小林一三创造了一种城市开发模式，即在市内的始发站建设百货商场、在郊外的终点站建设娱乐设施、在沿线地区建造时尚的住宅区，并成功将这种模式做成了自己的事业。"乘客创造了电车"，在这样的事业哲学指导下，小林一三逐渐创办了包括不动产业、零售业、宝塚歌剧团、阪急棒球球队，甚至是演出行业在内的多角度、一条龙服务。这种手法如今也被引进了东急、西武两条铁道线，成为经营日本私营铁路的范本。

如前文所述，新兴国家急于建造新城市，没有时间在经过深思熟虑、加深核心理念的基础上慢慢地进行城市建设。通过打包移植具有实效的先进模式，才能节省时间，从而在"新兴国家/都市间的竞争中"脱颖而出。

其实，在这方面已经存在具体的例子了。东急电铁由于在东急多摩田园都市的开发中积累了实战业绩，因此得以参与规划越南南部的主要经济区一角——平阳省新都市的城市开发。越南、老挝、缅甸等国家的现状，正如阪急的小林一三和东急的五岛庆泰曾经活跃一时的日本明治、大正时期的状况一样。

像这种打包服务，并不是仅靠硬件上的产品就能实现。让我们再来看一下日本的铁路基础设施打包服务。新干线的车辆本身当然是类似畅销硬件设备的招牌商品，但是支持它运转的还是正确、安全的运行系统，这是操作层面的功劳。在此基础上，还不能忘却车厢打扫服务和车站内一系列配套的商业设施等服务层面的功绩。这种田园都市线沿线的地标价值，才是打包服务的雏形，其中囊括有从硬件到软件的所有配置。

在依靠性价比争抢基础设施市场之前，其实还有一种"具有吸引力的感性品牌"因素值得市场关注。这种因素来源于一个国家、一座城市悠久的历史和文化铺垫，因此，新兴国家想在短时间内掌握这种因素是不太可能的。如何把城市中来往人群的时尚感变现成一种当地的感性价值，其重要性正在引起人们的关注。

服务收支：盼望已久的盈利即将到来

至此，我们针对正在成长的新兴市场与日本产业的接触点这一话题，从实物商品的贸易角度进行了探讨。其中的主要内容是：经过从材料、零件和最终产品到系统、基础设施的飞跃，目前规模更大、更加复杂的实体产业正在逐渐走向成熟。从物品贸易的总体来看，如何一方面抑制其本身呈现出的赤字倾向，同时又不断延长其寿命已经成为一个需要人们予以关注的问题。

与此相反，把服务收支列入预算的事业领域，被人们看作是能够把赤字趋势逐渐转变成盈利倾向的光明领域。一般来讲，人们多认为服务费用几乎都花费在金融与信息通信领域，但是在考察日本的收支情况时，最重要的其实是"旅行"与"知识产权"方面。

旅行收支

众所周知，最近，访日观光经济表现十分活跃。2016 年，访日的外国游客在日消费超过 3.7 兆日元。这是自 1959 年以后，55 年来日本的国际旅游收支第一次呈现出盈利状态（2014 年）。其中，游客进入日本带来的收入甚至超过了日本人出国旅行的支出，这可谓是史上第一次出现的情况。

日本旅游收入的增长与亚洲中产阶级的发展有着紧密的联系。根据日本观光厅的调查，2015 年的观光消费总额中，有四成来自中国游客。中国和韩国游客的消费总额甚至占到总消费的七成，若是再算上其他亚洲国家，则占到了八成。尽管来自中国的游客增长速度在不断放缓，但是作为急剧增长的亚洲休闲需求的承接方，日本的旅游产业仍然为国家带来大量财富，并成为日本的一项重要产业。由于全球的海外旅行者数量正在以每年 5% 的速度持续增长，根据世界旅游组织（UNWTO）发布的数据，2010 年，全球海外旅行者约为 9.4 亿人，到了 2020 年，这个人数将增长到 16 亿人。

从全球规模来看，观光旅游产业已经成长为总额达到 2 兆美元的巨型产业。这个数字甚至超过了汽车（1 兆美元）和化学制品（1.5 兆美元）产业。如果算上它的周边产业，其总额将达到 6.3 兆美元，占世界 GDP 总值的 9.1%。从雇用岗位数量来看，观光产业也占据了世界 8.7% 的份额，养活着 25000 万人口。作为发达国家，日本充分利用了自己丰富的旅游资源，通过这种累积型经济（Stock Business）获得利润，是一种健全的发展趋势。

这种从国外进入日本的观光贸易也被称为是看不见的贸易，因为它很难直接赚取外币。但是通过直接接触到优质的日本商品与服务，喜欢日本的粉丝数量也在持续增加。这样，对日的短期访问逐渐就能带来长期居住、留学、就业、国际婚姻和加入日本国籍人口的增加，其长期效果不容小觑。今后，除了旅游观光以外，日本还应加大对 MICE（Meetings、Incentives、Conferences、Exhibitions）会展产业和医疗旅行等附加值较高的旅游计划的开发力度。

知识产权的贸易收支

如图 11 所示，除旅游外，知识产权等项目的使用费也极大改善了日本的收支情况。日本对北美的收入赤字是计算机软件等著作权收支呈现赤字的主要原因，并且这种情况仍在持续。但是可以看到，工业方向的特权使用费已经大大超过了这项收支。其中，大部分的收入来自汽车产业，而来自亚洲的收入则占到整体近一半的份额。不仅如此，日本分别在 2002 年对北美、2004 年对 EU（欧盟）的收支情况中实现盈利。从总额来看，日本的收支情况在 2003 年首次由赤字转向盈利，并且盈利幅度持续增长。这里面，不仅包含对海外现地法人进行技术转移所带来的收入，从竞争对手的其他公司那里获取的专利使用费也在不断增加。

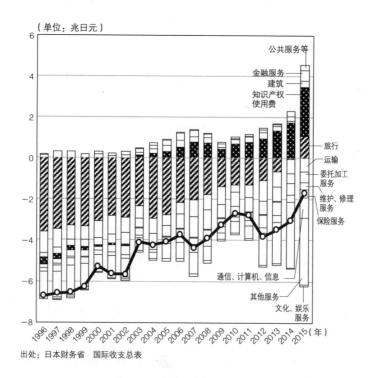

出处：日本财务省　国际收支总表

图 11　日本的服务收支变化

从世界各国的知识产权使用费的收支情况来看，能够实现盈利的国家少之又少，实质上实现盈利的只有 15 个国家。其中，日本是继美国之后排名第二的技术收入实现盈利的国家。图 12 展示了各国的国际专利申请件数（横轴）与知识产权贸易收支（纵轴）的平衡情况。尽管韩国和中国在申请数量上直追日本，但是它们在账尾上却反而呈现赤字状态，并且这种情况仍在持续。今后，伴随着日本的制造业不断向海外输出，产品贸易将越来越难做，但是通过知识产权贸易来实现资金回流的趋势已经越来越明显。

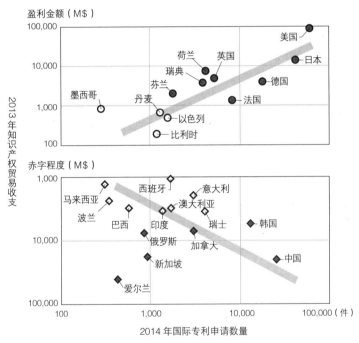

出处：作者根据国际贸易投资研究所的"世界各国的知识产权使用费"制作

图 12　各国知识产权贸易的收支情况

所得收支：服务业是走向海外的主角

过去，想要赚取外币就必须依赖产品的出口贸易，但是随着市场的成熟，我们已经进入了可以靠知识产权这种软实力来获得利润的时代。在上一小节已经了解到，能够实现这一经济模式的国家少之又少，而日本已经成功在这一领域升华了自己强劲的竞争力，顺利地步入了这一领域的生命周期。

再回头看图 9 日本的经常收支变化图，对弥补产品贸易赤字损失贡献最大的因素就是日本的"第一次所得收支"。从其具体内容（图 13）来看，其中虽然包含日本人在海外劳动的所得报酬，以及日本海外工厂等的分红收入，但是占最大比重的还是通过证券和融资等手段获得的利息。日本对外纯资产总额（2015 年）已经达到了 339 兆日元，因此日本也是世界上最大的债权国。由于这种经济结构所带来的持续性分红和利息收入将继续增加，因此不用担心国家财政出现破产情况。

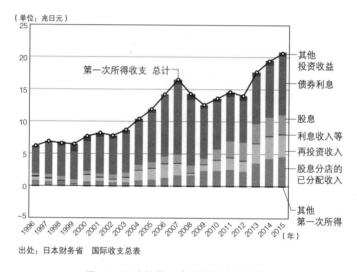

图 13　日本的第一次所得收支的变化

此前大家在提到拓展海外市场时，话题总是围绕着生产据点的离境分布等制造业相关问题展开，但是，现今的主角已经开始向服务产业转移。从便利店、超市、药妆店到服装店、百货商店等零售业，以及从住宿、饮食到理发美容服务、打扫服务和教育服务等产业，多种多样的、和消费者发生直接联系的服务项目正在急速铺开。日本食品等相关产业也后来居上，以亚洲为据点，其受欢迎程度正在世界范围内持续提高。以上这些服务产业将会成为未来日本所得收支中的支柱产业。

除了像大户屋、拉面山头火、吉野家、一番屋、元气寿司和 AKINDO 寿司店等这样的日本特色餐饮，美仕唐纳滋（Mister Donut）和摩斯汉堡（Mos Burger）这种本是"外来事物"的快餐产业，也在改良为日式风格之后走向海外市场。近年来，日本的便利店和永旺购物中心（AEON）这类的零售店铺在亚洲各地迅速铺开。来自宅急送、搬家公司、西科姆（SECOM）保全公司和养乐多等企业的物流经营负责人也在大街小巷不断扩张自己如毛细血管网络般密集的商业网。不仅如此，像 CANDEO 宾馆这类商务旅馆和加贺屋这样的老牌旅店也在逐渐走向海外，而类似 QB 美发屋等美容沙龙、与医疗相关的产业、超级浴场、高级看护中心等也在积极争取中国富裕人群市场。当然，除此之外，像公文教育研究会、倍乐生公司（Benesse Corporation）和雅马哈音乐教室等品牌已经在早期教育领域中获得世界范围的认可，其成长势头更是迅猛。

可以说，近年来日本民众熟知的近场服务产业（Near Field Service Business）都像泄洪之水一样，一路朝着海外市场高歌猛进。同时，新兴国家市场也在急速地成长，能够认识到日本高品质服务价值的中产阶级也在不断增多。很多对于日本民众来讲习以为常的服务产品，在新兴国家自不用说，就是在世界发达国家看来，其高水准的品质也并不常见。日本服务产业的王牌，除了执着的匠人制造精神以外，就是这样直接与用户面对面交流的近场服务了，只要拿出这张日本老板娘"待人接客"的王牌，日本的服务产业就战无不胜。

小结
贸易收支

在本节中，我们通过日本的经常收支情况，探讨了日本的财政情况与正在成长的新兴国家市场的关系。整体来看，虽然产品贸易的赤字情况仍在恶化，但是整体情况也在逐渐好转。在与新兴国家共存的过程中，日本逐渐形成了消费品→长期消费品→生产资料的转变，如今日本的主要出口产品已经变成了工业材料、零件类、计测类和精密仪器等高级生产资料。今后，日本应该学习走在前列的欧盟各国，逐渐把发展中心转向医药、医疗器械领域以及具有高附加值的食品原料产业。

服务收支

另一方面，来自于服务产业中的技术贸易的收入却在持续增长。随着模块化的水平分工结构不断发展，专注于研究开发型的制造外包型生产也在持续增加。

与逐渐积累起来的研究资产一样，所谓观光资产这种通过充分运用另类的储存资源来发展从外到内的旅游产业，正在成为日本经济的重要支柱，并发挥着越来越重要的作用。幸运的是，今后，日本的近邻——亚洲地区国家将会诞生大量的中产阶级。因此，日本今后研究开发的主题应该是如何把自己高级的科学力量和凝练的文化力量转换成国家的经济力量。

所得收支

如今，国家的所得收支已经成为日本赚取外币的主要手段。日本在海外拓展的经营产业也从制造业开始向服务业转型。在服务产业中，并不会出现由于海外市场的拓展而导致国内同类产业的空洞化现象。在逐渐富裕起来的新兴国家市场，被称为加拉帕戈斯型、执着的日本服务能否在海外市场掌握当地本土化的开发能力将是事业成败的关键。

第三大趋势

成长的陷阱：急速变化带来的负面影响

伴随着人、物、金钱、信息的流动性逐渐增强，对于必要资源的调配也变得更加容易。因此，很多过去的事例逐渐被编入到测量基准中，我们对各种事情的分析精度也变得更加细致。从结果上来讲，各个国家的追赶速度都在不断提升。同理，产品的生命周期也好，产业本身也好，还有国家的成长速度都变快了。

在韩国三星电子猛烈的发展势头中，我们就不免看见了一些阴影。三星电子应该是确立了要追赶索尼和 NEC（日本电气）的发展目标，在它背后，中国的华为、OPPO 公司、VIVO 公司紧追不舍，再往后还有印度的智能手机生产商 Micromax Informatics 和菲律宾的手机生产商 Cherry Mobile 在虎视眈眈，三星电子已经陷入了一种必须和当地生产商一较高下的局面。

以国家为单位来看也是同样的情况。在本国追上发达国家的脚步之前，后面的新兴国家也如雨后春笋般拔地而起。进入 21 世纪以来，掉进成长陷阱的新兴国家一边密切注视着彼此的情况，一边紧锣密鼓全速前进，它们已经没有停下脚步慢慢酝酿百年大计的时间了。这简直就是一条阿修罗之路。

如此一来，在不管不顾贸然前进的社会中，一旦经济高度成长的兴奋告一段落，此前不断被推后的令人头疼的社会问题就会蜂拥而上。目前，中国与印度等国家的环境污染、贫富差距和安全卫生等问题已受到全世界的关注。

本节中，我们将针对这种过快的变化所带来的负面现象，和这对日本企业来说又能带来哪些商机的问题进行探讨。总结一下由于优先发展经济而不断被人们忽视的问题，基本有以下三点：

贫富差距问题：贫民窟居民等没能享受到经济发展成果、BOP 阶层的贫困问题。

安全卫生问题：公共卫生、食品安全和引发耐药菌产生的温床问题。

环境污染问题：大气污染、水污染以及垃圾处理等与人类居住环境相关的问题。

（一）贫富差距问题

可能很多人都不太了解，在 21 世纪增加的世界人口中，最多的其实是生活在贫民窟的人群。

在人口迅速增长的新兴国家，人口向城市流入的趋向特别明显。今后，不断增加的人口中将有 95% 都是来自城市人口。为了求职，很多人不断涌入城市。他们中的很多人都不具备专业经验，因此也无法找到可心的工作。由于国家的产业基础还不够完备，不断膨胀的流入城市人口将有很大一部分无法享受到经济成长带来的好处。因此，在世界各国的都市周边地区，越来越多的贫民窟逐渐涌现出来。

根据联合国人居署（UN-HABITAT）的预计，2001 年只有 10 亿人的贫民窟人口将在 2020 年达到 15 亿，到 2030 年则膨胀到 20 亿。生活在城市中的贫民窟人口比例连年增长，1950 年，这个数字还是 3%，到了 2000 年，则涨到了 30%，而到 2050 年，这个比例将会增长到 41%（图 14）。也就是说，今后呈现出爆发式增长的地球人口几乎都是城市居民，而其中有四成人口将生活在贫民窟。

在城市周边的贫民窟地区，水、电等最低限度维持生活水平的基础设施供给将无法保证，其中，如何确保公共卫生问题更是最重要的难题。如果想要彻底解决这一难题，那就必须为这些人口配置能够让他们脱离贫民阶层的教育体制。

在这些地区，BOP（Base of the Pyramid，年收入低于 3000 美元的贫困阶层）人口占大多数。由于此前人们并不对这类人群在经济贡献上抱以希望，因此贫困阶层一直以来就是接受人道支援、被施舍的对象，但是近年来，终于有人开始把他们作为经济的发展对象予以关注。很多人将 BOP 人群看作是未来中产阶级的候补，因此众多企业开始认识到从现在起和他们开始接触的重要性。

城市人口占世界人口比例的变化

1950年	2000年	2030年
74550万人	285863万人	498391万人
29%	46%	60%

出处：联合国的 "World Urbanization Prospects, the 2011 Revision"

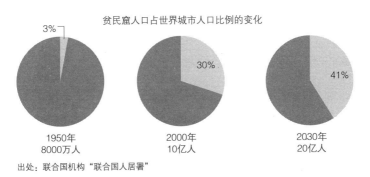

贫民窟人口占世界城市人口比例的变化

1950年	2000年	2030年
8000万人	10亿人	20亿人
3%	30%	41%

出处：联合国机构"联合国人居署"

图 14　世界人口在城市的聚集与人口的贫民化

青年膨胀

　　近年来，在非洲和中东国家，10—20岁的年轻人口急剧增加。由于在绘制人口金字塔时，年轻人一层膨胀严重，因此学者们把这一现象称为青年膨胀（Youth Bulge）。这种现象一方面会成为社会不稳定的因素，另一方面也有可能产生一种新型的市场。

　　但是，如果想要成立一番事业，需要创造一种能够支援当地未来建设的商业模式。这不仅需要为他们提供支援物资和设备，关键是还要导入一种能够促进当事人自立自强的体制。所谓的BOP经济，需要预见未来的可观收益，从而对当地进行品牌培养、先行投资等经济行为。目前，欧美企业已经在积极开展这方面的活动。日本目前对BOP人群多采取的是援助性质比较强的经济活动，从这一点来讲，日本还需要多多向海外的先进企业学习如何开发商业模式。

这些国家年轻人急剧增长的现象，其实与日本的"团块世代"和美国的婴儿潮等第二次世界大战以后在发达国家出现的人口增长是相同的。20世纪70年代，中东战争结束，非洲和中东诸国终于迎来和平时代，因此人口也急剧增加。伴随着各国的经济发展，婴幼儿的死亡率也不断下降。经济上比较贫困的国家在各自的发展过程中，基本都会经历这一阶段。

青年人口膨胀对国家的人口构成来讲是一把双刃剑。如果能够吸收不断膨胀的劳动力，给予他们工作机会，那么国家的高度成长便指日可待。相反，如果不能提供足够的工作机会，那么一旦失业的年轻人增多，政治上的不稳定因素也会随之增加。

中东和非洲国家的现状就是后者。事实上，2010年发生在突尼斯、利比亚和埃及长期的政权更替现象背后，就有这个原因。

如果想要对青年膨胀的国家进行支援，就一定要考虑清楚这些不稳定因素。即便采取持续封锁恐怖活动、提供难民救济等对策，也不见得就能彻底解决问题。发达国家把剩余人才作为移民引入本国自然是一种方法，但是发达国家光解决本国青年的就业问题就已经头疼不已，结果也只能从这些国家引入极少量的优秀人才。所以，最关键的一点，还是要在这些国家内部创造工作机会，向他们展示出能够自立自强的成长之路。

这种类型的支援活动，此前一直由政府开发援助计划（ODA）等国家间的组织进行，近几年，以民间企业与NPO、NGO为主体的民间开发援助支援（PDA）逐渐增多。

根据美国哈德逊研究所的报告（The Index of Global Philanthropy andRe-mittances，2012），截止到2010年，由发达国家转移到发展中国家的资金有八成以上都来自民间组织。政府一般会以基础设施等大型工程为中心对这些国家进行援助，与此相对，民间力量则多以"社会经济"和"共同体经济"的模式对当地社会作出贡献或对弱势群体进行援助。

日本企业还处于起步阶段

目前，日本企业参与比较多的BOP经济仍然是援助色彩比较浓的事业类型。比如说为当地提供太阳能电灯和 LED 电灯，给当地导入比较容易维护的净水系统等等，这类例子很多。但是，这一系列的例子都属于提供"因当地具体情况进行产品配置"的类型。

如图 15 所示，在 BOP 经济的发展阶段示意图中，初级阶段就是从应当地需求来考虑产品的样式起步的。到了第二阶段，就会出现像分装洗发水这种在销售方法上下功夫的经济模式，以及类似微型贷款这种在支付方法上开动脑筋的模式。如此，当地的经济模式最终将进化到自我完结型模式，即通过在当地引入简单的生产装置（比如净水器和生理用品制造机器等）的方法，在改善当地卫生环境的同时，也能为相关人员提供就业机会。

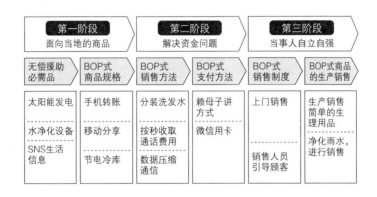

图 15 BOP 经济的进化形态

生成雇佣机会、促进自主发展

如果想通过 BOP 经济来解决青年膨胀问题，就必须创造新的就业机会，以此来促进当地人独立自主发展事业。事实上，目前已经出现不少这类例子。

比如，从事 BOP 经济咨询业务的日本投资企业 GRANMA 就支援了印度发明家阿鲁纳查兰，他研发了一款能够让当地人以较低的成本制造生理用卫生巾的设备。通过在当地普及这款设备，阿鲁纳查兰为 5000 名女性创造了生产、销售卫生巾的工作岗位。有了工作以后，女性就能为孩子提供受教育的机会。而事实证明，使用卫生巾的女性更是大幅提高了自己在耕种作业上的效率。目前，这种商业结构已经越过国境，开始出口到菲律宾。

始于南非贫困地区的共同体菜园"Foodpods"也是一种拥有同样经济结构的商业模式。它的基本形态是在托盘中放入蔬菜的种子和土来培育蔬菜。在菜园中心，种植负责人会把这样的托盘一字摆开，持续不断地培育时令蔬菜。销售负责人则连着托盘把培育的蔬菜带到共同体内边走边卖。蔬菜一旦卖出，销售人员就带着只剩下土的托盘回到中心位置，去交换新培育出来的蔬菜托盘，这样耕作和销售就形成一个循环。这种商业模式不仅为当地带来了工作机会，而且也以较低的价格为贫困地区输送了营养，可以说是充满智慧的 BOP 经济典型例子了。

欧美企业已经先人一步，开始着手建立各种自我完结型的事业。例如，2006 年，法国的达能集团就与孟加拉国的格莱珉银行在孟加拉共同创立了格莱珉达能食品公司，建立了一种让当地女性销售员上门销售的商业模式，其销售的产品就是用当地产的牛奶制作的酸奶。这种商业模式不仅改善了当地人口的营养状况，同时也为酸奶工厂半径 30 公里以内的约 1600 人创造了工作岗位。工厂利用太阳能发电，酸奶的包装则使用了生物降解材料，可以说是将环保手段用到极致了。

此外，来自美国麻省理工学院和斯坦福大学等名校的大学生也开始参与到这项工作中。例如，麻省理工学院等学校的学生就与美国的 IDEO 设计公司合作，开发了一款汽车上用的新生儿育婴箱。这种育婴箱成本低廉，只要收集在贫困地区也能找到的汽车废铁零件，就能投入生产。这样一来，当地有本领的汽车修理工也能找到工作。因此，这种经济模式通过在消费地点直接进行现场产品与生产者的调配，成功将开放资源的概念引入到贫困地区，是一种全新的商业模式。

与此同时，日本的中小企业也开始进入这一经济领域。比如，日本的 Poly-Glu 公司是一家专门销售一种能够凝结、净化水中污染物的凝结剂公司。在孟拉国，这家公司雇用女性销售员以较低的价格销售这种凝结剂，以此来打入当地的水资源市场，最终，在当地实现了净水器的制造、销售一条龙经济。这不仅解决了当地的人员雇佣问题，同时也改善了当地的卫生条件。

日本的SARAYA公司是一家专门经营洗涤剂和消毒剂的公司。在乌干达，这家公司使用当地废弃的糖蜜来生产一种酒精手部消毒液，并成功将其普及到当地的医院。这种经济模式不仅为当地创造了更多的工作岗位，也进一步改善了当地的卫生环境。笔者认为，今后，这种结构的经营模式也将逐渐扩展到日本的大型企业中去。

（二）安全卫生问题

伴随着新兴国家的发展，潜伏在未开发地区的病原体和具有危险性的外来生物开始逐渐扩散到世界各地。比如埃博拉病毒、西尼罗河病毒、禽流感、中东呼吸综合征（MERS）、冠状病毒和兹卡病毒等等，有关新型感染病毒的话题层出不穷。细菌和病毒的突然变异将会产生新型病原体，而伴随着经济全球化的加速，这些细菌、病毒感染扩散到全球的风险也在增加。

病原体的扩散并不仅仅通过人体的移动，在很多情况下，它以出口食品为媒介流散到世界各地。一旦这种食品中混入杀虫剂、残留农药，或者是土壤本身就包含有重金属毒物，那么这将给世界的食品安全带来巨大威胁。随着新兴国家发展脚步的加快，媒体上经常会刊载人们对安全卫生的担忧。因此，笔者在这里希望为读者们介绍一下此前并不被人所熟知的卫生问题。

耐药菌对人类的威胁

近年来，耐药菌对人类的威胁性不断增高，因为抗生素已经不再对它们起作用。举例来说，世界上每年有900万人染上结核病，年均死亡人数约为170万。由于人们已经发现"超耐药性结核菌"对3种以上的药剂产生了抗药性，因此一旦感染此类结核病，其治愈率仅有30%。

之所以产生这种细菌，有人认为是由于医院内对药剂的不正确使用所导致的。耐药性细菌一点点残留、增殖，最后终于演变成难以根除的严重状况。特别是在发展中国家，由于人们对药剂的乱用、误用，更加速了耐药菌的繁殖。除了人类本身，目前也出现了很多把药剂错误地使用在家畜或宠物等人类身边的动物身上的例子。比如，一些新兴国家的养鸡、养猪、牧场和养殖场等地方，已经成为培育耐药菌的温床。

面对这种情况，对策之一就是开发新药，虽然人们对通过染色体信息开发的新药抱有很大期待，但是不断发生变异的细菌仍然紧追其后，最终人类能够选择的对策范围将越来越窄。今后，如何提高人类自身的免疫力将成为对抗耐药菌的主流对策。

作为耐药菌的发源地之一，畜牧场和养殖场的问题特别严重。即便是在这一方面有明确规定的日本，用在家畜和鱼类身上的抗生素也达到了人类疾病治疗用药的 2 倍。而东南亚等新兴国家在使用剂量上本身就没有明确的概念，药物乱用的风险就更高。根据某些机构的调查结果，中国的抗生素使用量甚至达到了美国的 10 倍。

与 PM2.5 等空气污染问题一样，食品污染问题，也只能在其发生地进行解决。例如，现在就出现了一种停止乱用抗生素、回归到有机牧场的发展趋势。在日本，人们也开始尝试用疫苗来代替抗生素的方法进行鱼类养殖。只不过，我们很难要求其他国家也来使用这种比较麻烦的方法。毕竟，我们无法用肉眼看出减少使用抗生素的效果，其中的因果关系也并不明朗，因此，抗生素的使用问题甚至比环境问题来得更加棘手。

让自身变成抗菌体

从现实角度来讲，我们能做的，实际上只有在消费时尽量让自己远离细菌污染这一条路。不过，今后人们将更加关注，如何灵活运用天然存在的结构来对抗细菌。比如，我们可以通过强化人体的免疫系统来提高人类对病原菌的抵抗力。

其中，最被人们看好的方法是充分利用乳酸菌等能够帮助人类提高免疫机能的细菌。与抗生素（Antibiotic）相对，由于这种细菌能够与其他细菌共生共存，我们称之为"益生菌"（Probiotics）。以食品为例，酸奶和饮料中就含有很多乳酸菌。有一些含有特定乳酸菌的酸奶，由于它能够预防流感而受到人们的欢迎。今后，为了寻找新型的益生菌，生物勘测（Bioprospecting）行动将越来越多。同时，人们也将更加关注能够促进益生菌繁殖的食品成分（食物纤维和低聚糖等）——"益生元（Prebiotics）"。我们把这二者合称为"共生菌（Symbiotic）"。

我们人类的所有身体表面都分布着共生菌，它们构成了人体的生态系统。这里所说的"表面"包含有皮肤、消化器官、泌尿器官和生殖器，但是呼吸器官中的肺部却处于无菌状态。提到共生菌的数量，据说皮肤上有1兆个，口腔内有100亿个，胃里有1万个，肠部则有100兆个，泌尿器官和生殖器里有1兆个。这样看来，肠内细菌的数量远远超过其他地方。由于构成人体的细胞总数约为37兆个，那么，我们其实是与超过构成人体细胞数量的细菌共生共存的。或者说，我们其实就是与细菌生活在一起的。

想要强化免疫力，除了食物上的选择以外，降低压力、改善生活习惯都是有效的手段。这其实是基于"卫生假说"推论而来的，因为无论采取哪一种抗菌方式，归根结底，其根本原因都是在非自然的环境中产生了问题。有人认为，把自身放置于细菌适度存在的地方也能锻炼我们的免疫力。比如，在理化学研究所的免疫·过敏科学综合研究中心所发布的"9条预防花粉症的办法"中，就有保持适度不够卫生的环境、减少洗脸洗手的次数这样的内容。

提到保持皮肤表面的共生菌，就必须提到最近欧洲十分流行的"清洁·减少"理念。生存在皮肤表面的约1兆个共生菌能够起到维持肌肤状态、防护外部伤害的作用。有人认为，弱酸性的汗液就有培育共生菌的效果，如果平常洗得太勤也并不是好事。

另一方面，最近又出现了一种全新的提高人体免疫力的方法。比如说，有报告指出，在治疗肠胃疾病时，粪便微生物移植法的效果十分显著。对于那些肠道内缺乏多种微生物的人来说，通过移植从其他健康人群的粪便中提取的微生物，能有效改善病症。在美国，这种方法目前已经结束了临床试验阶段，开始真正应用在疾病治疗过程中。

有报告称，粪便微生物移植法对 CDI（艰难梭菌感染）的显著疗效引起了人们普遍关注，而它对溃疡、糖尿病、肥胖症等病症的改善效果也十分理想，因此，今后这种疗法将迎来更多的发展。除此之外，也有报告指出粪便移植对忧郁症、失眠症等精神疾病也十分有效，甚至有动物实验结果表明，它对实验对象的性格也产生了一定影响。

早期发现与防止扩散的重要性

感染者的早期发现和防止感染扩散是针对危险型感染症的重要对策。想要实现早期发现，就必须配备能够检出细菌和病毒的高敏感度生物传感器。目前，与医疗相关的电子产品已经越来越轻巧，半导体产业开发正热，由此，传感器技术将有可能取得大幅进展。现在，即便不能直接检出细菌和病毒，通过用户面部照片来推测心跳、体温等健康状态的技术已经出现。

与环境污染的情况类似，目前，业内对能够监视感染状况、随即广而告之的系统开发正进行得如火如荼，市面上也出现了很多可以在大多数消费者所持有的智能手机上进行操作的应用。例如，有一种操作系统可以自动收集用户通过 SNS（社交网络服务）发布的感染症状以及与害虫、害兽相关的信息，之后以地区为单位，分别对每个地方的扩散情况进行预估。

有学者认为，今后将会出现更多能够对人体状况进行日常监测的健康管理服务。比如通过随身携带的机器来进行日常活动量和心率的测量，一旦发现情况有异，即可尽早发现身体情况的变化或者是患病的可能性。或许我们可以将这种产品应用于对感染症的早期发现。

（三）环境污染问题

虽然广义上的环境问题包括地球环境问题（节能、节资、保护生物资源和地球变暖等），但是在这之前，新兴国家需要面对的公害问题已经数不胜数了。除了从大气污染、水污染、土壤污染到噪音、恶臭和废弃物处理等与居住环境相关的问题之外，发展中国家还面临着地表沉降和排雷等各种各样的问题。针对其中的大部分问题，走在前列的日本都在过去有过沉痛的体验，因此经过长时间的积累，日本在这方面具备了十分丰富且应当进行出口的知识财产。

针对环境污染的对策，大致可以分为测量污染量、抑制发生源、净化污染场所、用户方的自卫四个方面。其中，效果最好的对策就是对工厂、农田、发电站和汽车等产生污染的源头进行处理。这里面最容易操作的方法，就是在废水、废气排出之前把污染物收集起来。在污染物扩散之前就将其捕获，这样处理效率才更高。

想要进一步从根本上进行改善，就必须更改、更换会产生污染物的工程项目和材料，这样才能防止污染物的产生。比如导入有机农场、垃圾处理场的高温焚烧炉和电动汽车等。总体来讲，这些配置需要一定的时间和金钱上的准备，因此它将会是一场"长期战"。

最近有不少新兴国家都在抓紧时间导入这种施政方针，它们希望在工程设计、计划阶段就从根本上引进能够避免环境污染的对策。在这方面，日本企业掌握了领先全球的环境技术，或许这将成为日本企业的又一个商机。

全世界 8% 的死因是厨房的空气污染

日本的环境技术将在新兴国家大放异彩，这个话题已经被大家讨论了很多。在这里，笔者想为大家介绍一种不为人知，但却非常重要的环境污染问题。

世界卫生组织（WHO）2011 年的报告指出，因为大气污染而死亡的人数已经攀升至每年 700 万人以上，相当于全球死亡人数的 1/8。可以说，大气污染已经夺去了很多人的生命。在这其中，因为外部的大气污染而死亡的人数约为 370 万，剩余的六成，也就是 430 万人口，说来可能令人感到惊讶，他们是家庭内部空气污染的牺牲者，在做饭时使用的热源——碳和柴火，夺去了他们的生命。

在发展中国家，有不少人都在屋内使用柴火、煤炭或牛粪等燃料做饭。这就是煤烟污染的主要原因。专家说，厨房中烧饭所产生的 PM2.5 的量基本相当于 1 小时抽 400 颗烟所产生的量，这也成为肺癌、心血管疾病和脑中风的发病原因之一。以地域为单位，在因为大气污染而死亡的人口数量分布上，包括中国在内的西太平洋国家最多，约为 280 万人；其次是东南亚国家，约有 230 万人。其中有大部分都是因为厨房用碳。或许可以说，大气污染的真正威胁，就存在于日本的近邻——亚洲国家的家庭内部。

小结

本节中，我们针对新兴国家在快速发展告一段落之后，逐渐凸显出来的三大社会问题进行了讨论，并结合其中的背景和与日本的关系进行了思考。

贫富差距问题

如果要说世界人口动态史上最大的问题，或许就是在新兴国家的城市中大量出现的贫民窟问题了。这些贫困阶层不仅没能享受到发展带来的好处，根据情况，他们有时还会成为恐怖集团形成的温床，甚至给国家的发展带来巨大影响。想要防患于未然，就要在传统的政府支援之外，更加重视今后由 NGO 和企业资本运营的 BPO 经济。其中，社会经济领域中的创新活动将是影响成败的关键因素，也就是说，能否一边创造就业机会，一边完成对当地居民的教育将是解决贫富差距问题的决定性因素。

安全卫生问题

公共卫生和食品安全问题都是不断被往后放的社会问题。但是像风土病、病原体的爆发却会在全球范围内迅速扩散。尽管我们必须强化防疫体制，但有效的对策其实少之又少。其中，新兴国家的医疗现场和畜牧业现场已经逐渐变成了耐药菌产生的温床，因此问题不容忽视。在没有尽头的细菌战中，今后人们将更加关注类似益生菌等能够提高人体基础免疫力的预防手段。

环境污染问题

一旦脱离了贫困，到了追求生活质量的阶段，新兴国家也开始关注以大气污染和水污染为首的居住环境问题。历经了明治时期的矿毒事件和战后的公害问题，日本在环境问题方面已经累积了不少经验，今后，这些知识财富将在新兴国家再次展现出它的价值。另一方面，如今大气污染中对人类威胁最大的要数煤烟问题。我们期待科学家能够找到能实际解决问题的良策。

第四大趋势
市场的强化：市场机制影响国家机能

　　跨越国境的人、物品、金钱、信息的流动性正在日渐增强。资本开始流向在税制上有优惠政策的低税地区，优秀人才也根据待遇条件的不同，在国际人才市场自由往来。生产基地逐渐向海外转移，而开发进程也逐渐呈现出向本地化发展的倾向。日本企业的制造业整体海外生产比例在1985年仅有3%，到2000年则超过了10%，目前这个数字已经达到了近25%（图16）。伴随着海外生产比例的增长，有形固定资产的海外比例也在增高。其中，在海外比例最高的汽车产业和橡胶、水泥、造纸、玻璃等材料产业中，前6位公司的平均值基本达到40%。此外，化学、纤维产业与钢铁、金属产业约占30%，电机、重机、机床等产业约占20%。

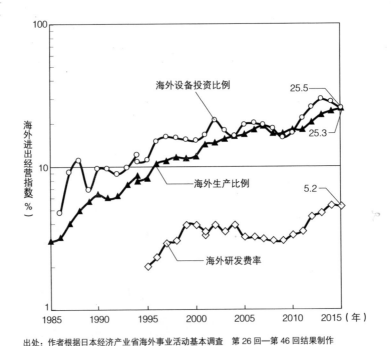

出处：作者根据日本经济产业省海外事业活动基本调查　第26回—第46回结果制作

图16　进军海外市场的日本企业的经营指数

在很长时间内受到冷落的研究开发进程最终也不免受到全球化趋势的影响。进入 2010 年以后，各产业都开始迅速在海外设立自己的研究所。在这五年的时间内，其布局速度迅速增长，2014 年度，各产业的海外预算比例已经达到了 5.3%。

接下来，我们的时代将进入非制造业的全球化阶段。服务业也越过国境，开始进行全球化移动。截止到 2010 年，全球的服务出口额约为 3.9 兆美元，这个数字与 1983 年相比，几乎猛涨了近十倍。特别是进入 21 世纪以来，这种增长的趋势更加明显，20 世纪头十年间，几乎增长了 2.5 倍。

对于企业来说，国境的概念已经逐渐变得模糊。当前这个时代，企业家思考的是在哪里办工厂，或者是由谁来生产什么产品。商业资源的调配与国籍没有关系，企业现在追求的是纯粹的效率与生产积极性。如此，市场原理慢慢地侵入人们的价值观，并逐渐稀释了国家的存在感。

各国政府醉心于货币贬值的汇率战争与税收优惠政策的竞争

最能表现各国政府醉心于吸引企业的数字指标，莫过于企业所得税的变化。

在 2000 年以后的 16 年时间内，OECD（经济合作与发展组织）34 国的企业所得税（法定实效税率）的平均值从 32.6% 降到了 24.9%，降低了 7.7%。其中，下降幅度最大的是德国，它从 52.0% 降到了 30.2%，下降了 21.8%；日本也从 40.9% 降到了 30.0%（图 17）。进入 2017 年以后，提倡本国优先主义的美国特朗普政权为了实现流向海外企业的资金回流，干脆一口气推出了下调 20% 的税制改革方案。

日本的实效税率曾长时间维持在近 40% 的水平，但是随着第二次安倍内阁经济成长计划的实施，日本正在逐渐缩小与欧洲主要国家的差距。进入 21 世纪以后，以欧洲为中心，各国都在为了吸引企业投资而竞相下调企业所得税，其中减掉的部分则由附加价值税（消费税）弥补回来。

在货币兑换政策上，同样可以看见企业原理的强大影响。近年来，各国通过推行出口鼓励政策，不断打响货币贬值的汇率战。虽然 IMF（国际货币基金组织）禁止这样的行为，但是各国都在通过干预外汇市场等各种金融政策来诱导本国货币发生贬值。

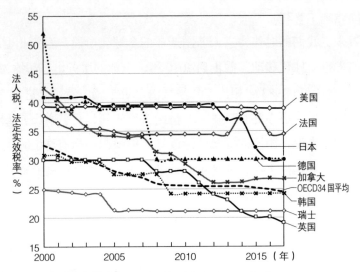

出处：经济合作与发展组织（OECD.Stat.Corporate income tax rate）

图 17　各国公司所得税的变化

　　造成这种情况的背景十分复杂，但其根本原因还要归结于市场原理对国家制度越来越大的影响力。为了吸引海外企业，各国都在下调企业所得税，其中损失的部分则由国民承担的消费税来进行弥补。本来，强化本国货币流通应该是国家管理成功的明证，但是为了在贸易市场上提高本国产品的价格竞争力，各国却反过来谋求本国货币的贬值。国家利益与企业的私人利益之间的力量对比已经形成了逆转，在不断强化的、全球化的资本主义压力面前，可以看出民族国家体制正在逐渐走向屈服。

服务全球化的影响力

　　如此，我们可以看出越过国境、在全球范围内不断拓展的"市场"能量已经越来越强大。跨国企业间的暗号是"多样性与创新"。而目前的大趋势是通过雇用多国籍、多样价值观的人才来提高企业的创造力，并获得更强的企业竞争力。与此相对，民族国家体制的守护者是在自治体和政府机关工作的公务员等官僚阶级。他们曾经接受了在国家体制下工作的思想教育，又在一成不变的现场工作中不断加深对这种思想的理解，如果要求他们也具备"多样性与创新"，那未免有点强人所难。无论是在构思的灵活性、创造性上，还是在落实方针政策的机动性上，官僚机构与在全球化经济中胜出的企业之间的差距只会越拉越大。

轻易就推动了经济全球化的互联网巨头企业，目前正在建设跨越国境的信息基础设施。谷歌地图和 Skype 目前所提供的服务，其实本来应该是传统的统治机构通过税收资金来提供的信息基础设施。可以看出，目前，跨国企业已经逐渐肩负起了这种本应由行政单位所承担的公共服务。

图 18 是各国人口与网络社交媒体中活跃用户数量的比较图。截至 2015 年年末，世界规模最大的 SNS 系统——脸书（Facebook）的用户数量已经超过 15 亿，成功确立了一个人口数量超越中国和印度的、世界最大的人口圈。此外，第七大 SNS 系统——推特（Twitter）的用户数量也超过了 32000 万，这个数字基本等于美国的人口总数。从前，各个国家在自己

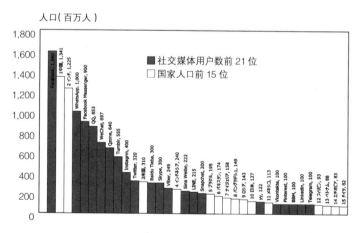

出处：作者根据 Statista Leading social networks worldwide as of September 2016 和联合国"世界人口推算"制作

图 18　社交媒体与国家人口规模对比

权利范围内有偿提供的应用服务，都是像邮局和电话线路这种硬件设施。现在，谷歌公司自费发射的氢气球和人工卫星已经能够到达平流层，进一步扩大了互联网通信的服务区域。

在与国家治安、公共安全息息相关的重要安全信息方面，政府当局再也无法忽视社交网络服务中所承载的庞大的信息量。对于权力机构来讲，信息的管理、掌控能力非常重要，甚至可以说是统治力的源泉，然而，目前这种控制力却面临崩溃的危险。在如今这个时代，信息资源与优秀人才不断流向全球化的 IT 媒体，"权力的民营化"已不可遏制。

迈向以城市和特区为单位的战斗时代

随着商品和事业生命周期的不断加速，除企业之外，国家也必须像企业经营那样追求一种杀伐决断的高速管理体制。为了应对这种变化趋势，必须把行政单位划分成方便管理的小型机构，并建立一种机动性较强的工作体制。目前，日本政府也在逐步强化道州制和特区制度的落实。为了提高地方自治体的独立性和特色，这种有益的尝试工作正在逐渐剥离国家的职责，而只将其限定于外交、防卫和治安等有关国家整体的职能范围内。

像新加坡和迪拜酋长国这种城市国家，已经通过跨国企业型的管理方式大幅提高了本国在国际市场的竞争力。越是机动性较强的小型国家，就越容易吸收企业和国家"管理方法之精华"。无论在任何方面，这些国家都以自由区的名目成功实现了全球优质的人、物、金钱的聚集。通过推出税收优惠政策、发行本国护照（市民权利），这里聚集到了全球的富裕阶层和高学历的知识分子。事实证明，企业所使用的猎头手段和调动资本的手法，同样可以应用到国家的管理中来。过去曾被称为免税区的这种怪异的后台结构，如今已经可以堂堂正正地走到前台来了。

大国如果想要对抗这种趋势，只能打出具有治外法权的特区制度这张牌。如果不以地方或都市为单位向国际市场抛出橄榄枝，那就不可能吸引资本与人才来安家落户，也就不可能在残酷的现实面前继续生存下去。

实际上，现在有很多新兴国家都在致力于教育特区政策的实施。比如，阿拉伯联合酋长国的阿布扎比就成功吸引法国的索邦神学院来本国建立分校，卡塔尔的多哈也建立了美国康奈尔大学分校。在马来西亚的教育特区伊斯干达，也建立了以英国凯特王妃母校而知名的马尔伯勒公爵公学分校。通过世界名校的号召力，在本国聚集全球人才，新兴国家希望通过这种方法来为本国未来的发展做好人才储备。

此外，医疗特区和观光特区也有望在不久的将来成为现实。东京的临海副中心与大阪、福冈等地联合组成的 MICE（会展）、综合度假村（IR：Integrated Resort）等模式就让人十分期待。由墨尔本、温哥华、哥本哈根、新加坡和迪拜等八个城市（2000 年刚起步时）组成的"最佳城市（Best Cities）"联盟，也希求通过共同 MICE 模式来振兴本地经济。在联盟内部，各个城市也经常组织企业研修和业界模范城市评比等活动。对于内需正在逐步缩小的日本各个城市来说，寻求、加入这样的国际网络战略才是今后城市发展的重要战略。

国际结构：旧有体系失灵，NGO 时代来临

随着新兴国家实力的抬头，世界上出现了像 G7（七国集团）和 G20（二十国集团）这样的国际组织。但是，多极化的政治结构并不利于各种国际问题的解决。由于长久以来 WTO（世界贸易组织）、GATT（关税及贸易总协定）框架下的国际贸易结构已经陷入功能不足的尴尬境地，于是各国开始组建像 FTA（自由贸易协定）和 EPA（经济合作协定）这种具有很多重合关系的国际组织，因此世界政治经济情况愈发变得复杂起来。

目前，国际政治正呈现出前所未有的多极化局面。仅仅通过国家间的对话并不能解决实际问题，很多情况下，国际问题只能暂且搁置。特别是在有关全球整体的问题上，这种弊端越发明显。例如，全球变暖、公害问题、生物多样性的减少和转基因农作物等环境问题就是其中代表，除此之外，饥荒、贫困、恐怖主义、纷争、差距与暴力等人道主义问题和类似次贷危机的金融问题也层出不穷。这些都不是单个国家能够独立解决的难题。尽管世界经济相互依存的密切关系不断加深，但是联合国与世界银行等传

统型的国际机构已经不能充分解决当今世界的难题。在政府间的交涉中，由于每个政府都背负着自己国家沉重的压力，各国的自我中心主义、面子、权力欲望等因素都会成为谈判的障碍，因此交涉总是无法获得圆满成果。

为了打开局面、破解这种胶着状态，人们只能寄希望于 NGO（非政府组织）。在很多领域中，NGO 的专业性、掌握实际情况的信息收集能力和解决问题的政策开发能力都让人刮目相看。目前，NGO 已然在全球范围内构建起了自己的网络，它能够轻松越过由国界和进退两难的局面所带来的各种障碍，并成功推动国际问题的解决。

从 20 世纪 90 年代开始，世界性 NGO 的数量急剧增长。图 19 显示了联合国经济及社会理事会（ECOSOC）所认证的团体数量变化趋势。截至 2014 年，已经有 4045 个团体获得 ECOSOC 的承认。这里必须要说明一点，受到 ECOSOC 认证的都是顶级的大规模团体，如果要说草根阶层的 NGO，其数量需要以百万为单位来计算。

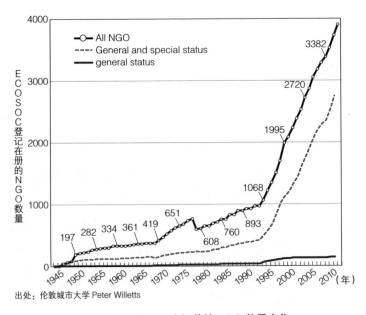

出处：伦敦城市大学 Peter Willetts

图 19　ECOSOC 上记载的 NGO 数量变化

如今，世界各国拥有最高学历的优秀年轻人，已经不再倾向于在上级官僚单位、大企业和投资企业就业，NGO 成了他们的首选。这其中的动机，当然不仅仅是单纯的社会正义这么简单，而是因为在 NGO，从问题的发现到解决这一系列的商业进程中，他们能够获得在最严酷的环境下进行研究的机会。作为国际政治多极化的结果，NGO 成了优秀人才兜兜转转之后最终选择的归属地。今后，NGO 在世界政治经济结构中的存在感将进一步加强。

苦于财政问题的发达国家地方自治体

国际政治呈现多极化的原因之一，就是发达国家的地位正在逐步下降。一边为老龄化问题所苦，一边背负着沉重的财政负担，这已经成为很多发达国家的常态。图 20 显示了世界主要国家政府债务余额的变化趋势。在各国都呈现出财政恶化的大趋势中，日本的恶化程度尤为突出。目前，各国的行政预算都在缩紧，而地方自治体的服务就更是难以为继。现存制度的弊病不仅体现在业务效率的低下，现在，如果没有民间资金和人才的资助，行政基础设施甚至无法运行。

如果仔细观察民间的具体组成，就会发现在普通的盈利企业之外，NGO 和 NPO 的影响力也在初步增强，民间力量的多样化由此可见。其中，通过担任行政监察委员、参与市民组织的志愿者活动、慈善活动和共同体活动等方式，NPO 在社会生活中所扮演的角色也越来越重。

从前，组织公共活动都是行政单位的职责，但是自 20 世纪 70 年代的公害问题起，民众自身改善生活环境的意识开始萌芽，民间的 NPO 也由此诞生。在 1995 年日本遭遇阪神大地震之际，NPO 通过一系列丰富多彩的灵活救援活动向世人展示了它的能力，并获得了与行政服务截然不同的"新型公共活动旗手"的社会评价。

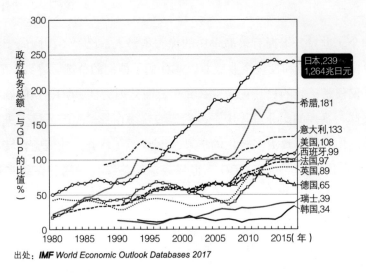

出处：**IMF** *World Economic Outlook Databases 2017*

图 20 各国政府债务余额的变化趋势

自 1998 年日本的 NPO 法规（《特定非营利活动促进法》）施行以来，NPO 的法人认证数量逐年上升，截至 2015 年，日本内阁所掌握到的认证法人就达到了 50868 人（图 21）。人们经常会提到，这个数字基本和全日

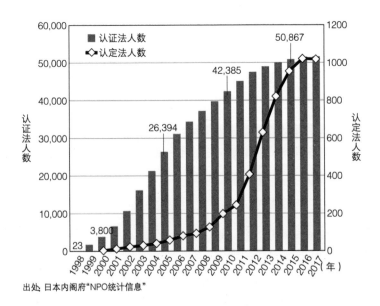

出处：日本内阁府"NPO统计信息"

图 21 日本 NPO 的发展变化

本的便利店数量基本相同。截至 2015 年 12 月，在日本特许经营协会（JFA）中，作为正式会员的便利店数量为 53544 间。

全球化的 NGO 组织敢于向世界上的不合理规矩发起挑战，而在老龄化严重的国家日本，想要切实解决社会问题，就需要对草根阶层的 NGO 进行灵活操作。社会经济和共同体经济这种商业模式正在逐步进化，而对社会切实问题最敏感的、最能想出有效服务提案的，就是地区型的 NPO 组织。从经济角度来看，作为孕育社会创新的场所之一，NPO 将会在未来社会中扮演重要的角色。

官民融合

除了草根阶级的 NPO 之外，民间企业也逐步成为支撑行政服务的承担者之一。比如，日本的快递员和"养乐多女士"（养乐多公司雇用的女性职员，她们主要进行上门配送、销售业务）等频繁拜访居民区的工作人员，就同时承担着守护独居老人的职能。报纸配送员和便利店工作人员也是一样。在一些人烟稀少的地区，公共汽车公司很难维持运营，所以那里的民众面临着购物难的问题。这时，当地的出租车和配送人员就创造了共享汽车和客货混载的交通系统，满足了当地居民维持基本生活需求的愿望。与单纯的民营化公共服务不同，这样的官民一体服务系统是一种绝妙的商业模式，从中我们可以预见，今后，经过官民的一致努力，还将诞生更多丰富样式的民营服务。

在如今这个时代，大型企业再也不能单纯地追求企业利益，而必须承担起作为社会公共机关的职责。这里所说的职责，并不是指以前企业参与的慈善事业或对文化艺术活动进行赞助，在可持续发展的社会中，公众希望企业能对自己的社会责任进行清晰的说明。这其中包括企业经营的透明性、企业管理的健全体制、企业对社会法令的服从和对共同体的贡献，企业必须承担起自己的综合性社会责任（CSR）。直到国际标准化组织 ISO26000 出台相关规定之前，这种风潮愈演愈烈。大型企业掌握了巨大的生产资本，把生产率也提到了最高水平，在打倒了其他竞争企业之后，作为胜利方，手握大量财富的企业如果不能在生态系统中将所得利益进行再分配，那么它将在这个社会中寸步难行。

苦于财政状况的日本行政机构，目前迫切需要通过地方分权和特区制度等缓和的政策来提高地方生产率，帮助它们自立自强。今后，日本必须通过借助 NPO 和民间企业的资金与能力的方式，构建一种官民一体的合作模式。这并不是指传统的第三部门（志愿部门）和公益法人等形式的合作，而是一种新型的社会经济模式指向，它由 NPO 和民间企业、SNS（社交网络服务）等形式的信息基础设施以及掌握着便利店和出租车等现实物资管理的企业等单位组合而成。

小结

本节中，我们探讨了以国家为首的公共组织所承担的社会角色，以及影响力越来越大的民间企业所承担的社会职能。由于民族国家体制和市场的力量角力结果发生了变化，因此催生出以下几点新的变化形式。

市场的全球化促使所有生产环节走向海外：国境的概念变得模糊不清

制造业向海外的扩张已经不止于在当地的生产环节，现在，走向海外意味着在当地进行开发。此外，服务的进出口市场规模也在急速增长，对企业来讲，国境的概念已经越来越模糊。作为表现国家富裕程度的指标，以前只有 GDP（国内生产总值），现在还要加上包括国家在海外收益的 GNI（国民总收入）；如今的时代，比起思考在哪里进行生产，更应该想一想应该由谁来生产什么。商业资源的调配不再与国籍发生联系，而是围绕着纯粹的效率和生产率指标进行流动。如此一来，民族国家体制的意义本身正不断被市场原理所削弱。

各国政府醉心于货币贬值的汇率战争与税收优惠政策的竞争：国家政策变成了一种企业行动

为了吸引企业投资，各国不断下调企业所得税，但税收不足的部分却由国民承担的消费税来补足。在货币兑换市场也存在同样的现象，为了提高产品出口竞争力，国家不断促进本国货币贬值。今后，国家仍会按照企业运行的原理来进行政策上的调整。

服务全球化的影响力：国家存在感的弱化

社会网络和电子商务活动将会超越国境为全球居民提供服务。包括比特币在内，虚拟金币将向由国家进行管理的货币发起挑战。借由网络所开展的服务，将会逐渐代替此前由国家提供的通信和商业基础设施。

迈向以城市和特区为单位的战斗时代：国家单位缺乏机动性

近年来，以金融和信息服务为武器的都市国家成长显著。以国家为单位的机构组织，由于在政策上从达成一致到实行需要花费大量时间，因此逐渐丧失了市场竞争力。今后，在制度制定上大胆、灵活的特区制度将会发挥更大的作用。

国际结构：旧有体系失灵，NGO 时代来临

正如 G20 所表现出来的那样，相对来讲，发达国家的表现并不尽如人意。在多极化的进程中，想要获得世界性的一致意见是非常困难的。面对着包括环境问题、恐怖主义、纷争和经济差距问题等在内的长期性国际难题，今后我们将更加依赖灵活机动的 NGO 组织，其在世界活动中的发言权也将进一步提高。

苦于财政问题的发达国家地方自治体：NPO 代替公益法人发挥作用的时代来临

在人口显著减少的发达国家里面，日本的地方财政尤其窘困。在传统的行政机能逐渐弱化、公益法人也没能发挥作用的现状中，建立于市民意识之上的 NPO 逐渐承担起一定的社会职能，成为公共服务强有力的执行者。

官民融合：强调企业社会责任的 CSR 时代到来

如今，对于在市场竞争中拔得头筹，以 M & A（合并·收购）等形式实现大规模胜利的大型企业，人们更加期望它能具备一定的企业伦理，并承担起 CSR（企业的社会责任）和 CSV（共同价值的创造）等公共机关的职能，从而回馈社会。此外，官民合作的模式也将逐渐被吸收到面临沉重压力的行政服务中去。

第五大趋势

"消费即美德"时代结束：可持续发展才是王道

"Sustainability"（可持续性）这个单词已经成为时代的关键词很久了。以日本为例，自 2000 年开始，这个词就经常出现在经济类的报纸上。

追溯源头，还要回到 1987 年由联合国"世界环境与发展委员会（WCED）"发布的《布伦特兰报告》，里面第一次提出了可持续的概念。其中，日本与该委员会的成立还有着很深的渊源。自 2002 年在约翰内斯堡召开的"可持续发展世界首脑会议（WSSD）"以来，"可持续性"就成为世界上众多媒体所关心的对象。

当初，人们在思考如何寻求商业开发与环境保护之间的平衡时，会使用这个单词作为环境问题的解决方案。但是自 2010 年爆发的次贷危机开始，可持续性的含义范围被扩大了，并开始应用在很多其他的场合。比如，作为一种经营理论，它给企业添加了一层社会责任（CSR）的微妙含义，因此，现在它已经成为一种包含伦理观在内的广义概念。具体来说，它要求企业经营者对只追求营业指标的短期志向进行反省，除了股东利益以外，企业还必须重视员工的待遇问题和对地方、社会的回馈问题，作为一种社会公共机关，企业需要承担一定的社会责任。

如此，可持续性这一单词给企业的经营理念带来了巨大影响，另一方面，它也影响了年青一代的价值观。在发达国家，年轻人的失业率很高，不同年龄层之间的差距也越来越大，面对这一情况，从 2005 年起，乐活（对健康和地球环境持有较高关心）和良心消费（保护环境、为社会做贡献）的概念开始流行起来，重视心灵富裕、追求可持续性生活方式的年轻人越来越多。

如前文所述，支撑发达国家战后成长的是"婴儿潮一代"，他们讴歌大量消费，把"竞争和消费"当作一种美德。如今，他们已经从照顾别人的一代变成了被别人照顾的一代。20 世纪 80 年代以后出生的一代人（美国称他们为"千禧世代"，日本则称他们为"后团块代少年"），基本相当于婴儿潮一代人的孩子之后的一代。目前，共享经济的发展正要归功于这一代人的"从拥有到利用"的合理价值观。

他们成长在可持续发展的社会环境中，同时具有数字原生代（Digital Native）的特征。成长于物质极大丰富年代的他们，总体来讲对物质消费并不关心。比起物质消费，他们认为通过网络与社会和朋友保持联系更加重要。从这个意义上来讲，他们与之前一代人的世界观也大不相同。

进入可持续时代的四大背景

梳理可持续概念发展至今的时代背景，我们可以总结为以下四点。

（1）新兴国家的抬头带来对资源不足的担忧

自 15 世纪的大航海时代以来，西方发达国家一直把现在的新兴国家当作自己的殖民地进行统治；进入 21 世纪以后，这些新兴国家终于摆脱西方长期的压制，真正实现了本国经济的成长。经过产业革命的洗礼，虽然西方曾几度敲响"资源枯竭问题"的警钟，但是面对着人口大国的惊人成长，人们还是无法抑制对资源问题的担忧，所有的商品资源（能源、工业资源和食品）如果长期处于数量不足、高价位状态，那么世界最终是否会陷入对资源的争夺战中呢？

（2）全球变暖带来诸多问题

全球变暖会给生态系统带来多方面的影响，其中，对人类生活影响最大的就是水和食品的供应将无法得到保证。粮仓地带有可能变成干燥地区或沙漠，强大的台风、热带害虫和热带传染病的危害范围也将逐渐扩大。食品的稳定供应是人类生活的根本条件，它甚至比能源和工业资源还要重要；即便是食品方面细微的不安定因素，都有可能引发极大的社会恐慌。

（3）乐活、良心消费阶层的登场

经济成长缓慢、少子化和不同年龄层之间的差距已然成为发达国家的常态化现象，承担着下一代人成长压力的年青一代则对未来抱有经常性的不安。总体来讲，他们的未来观念是不够明朗的。于是，就慢慢催生出了像共享经济、乐活、良心消费等、对商品消费持有冷淡价值观的一代。他们秉持简单的生活哲学，比起物质上的丰富，更重视心灵上的富裕。

（4）数字原生代的登场

在高度信息化的社会中，从物到事、从制造业到信息·服务业的流动都在加快。与乐活和良心消费等伦理上的价值观不同，作为信息社会的产物，数字原生代只是单纯地对拥有某种产品没有执念。

有专家预测，截至21世纪末，世界人口将达到100亿，而我们经手的信息量也将呈几何倍数增长。但是，世界仍旧会继续担心有限的资源可能要面临数量不足和价格飞涨问题。有关猛烈增长的比特币世界我们将另外进行阐述，在本节中，笔者希望围绕着在物质世界中人们对资源不足的担忧展开探讨。

从资源的价格变化来看经济泡沫与长期成长

首先，让我们来看一看资源价格变化的整体趋势。通过把资源必需品分为三大类（食物、燃料和金属），并算出它们的平均价格，再以2000年的数值为100来换算比率，我们就能得到从1980年起，资源价格在这35年间的变化趋势图（图22）。

如图所示，从2003年起，所有种类的资源价格大幅提升。2008年发生次贷危机，期间虽有短暂回落，但马上继续走高，这如实反映了BRICs（金砖国家）的经济发展情况。此后，资源价格仍然呈现上升趋势。但是，到了2011年左右，伴随着中国经济增长速度放缓，资源价格开始大幅下降，这种情况一直延续到今天。

牵引价格整体动向发生变化的是原油价格。由于原油价格的攀升，从2006年起，美国开始真正展开对页岩气田、油田的开发。结果，从2010年左右开始，美国境内可调配能源价格大幅度下跌，继而进一步提高了美国能源的出口竞争力。于是，2011年，原油价格在世界范围内开始下跌。当时，由于产油国想法不同，石油减产没能达成一致，因此，原油价格的下跌已经到了无法控制的程度。其中，为了抑制页岩油的开采势头，沙特阿拉伯就不同意石油的减产案。虽然这项举措确实让美国一度停止开采页

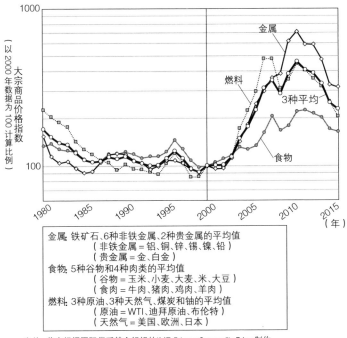

金属: 铁矿石、6种非铁金属、2种贵金属的平均值
　　（非铁金属＝铝、铜、锌、锡、镍、铅）
　　（贵金属＝金、白金）
食物: 5种谷物和4种肉类的平均值
　　（谷物＝玉米、小麦、大麦、米、大豆）
　　（食肉＝牛肉、猪肉、鸡肉、羊肉）
燃料: 3种原油、3种天然气、煤炭和铀的平均值
　　（原油＝WTI、迪拜原油、布伦特）
　　（天然气＝美国、欧洲、日本）

出处：作者根据国际货币基金组织的IMF *Primary Commodity Prices*制作

图 22　资源商品价格变化示意图

岩天然气田、油田，但是原油价格的崩溃趋势还是无法逆转。这里面最大的原因就是中国经济的停滞。

中国经济增长放缓给工业资源整体的价格都带来巨大影响。当时，中国为了维持国内钢铁、金属产业中过剩设备的运转而头疼不已，库存也不断增长。因此，在金属材料的国际市场中，我们也会发现价格的大幅下跌现象。

在铁矿石方面，由于澳大利亚和巴西等国同样采取了 OPEC 石油国不减产的政策，结果持续增产也导致铁矿石的价格暴跌。

伴随着原油和铁矿石的价格变化，粮食资源也在这一期间发生上下浮动，但是由于粮食是具有活性的资源，相对来讲其投机性较少，因此它的振幅没有产业资源那么严重。

如此，现在回头来看 21 世纪初的市场行情：首先，伴随着新兴国家的成长，原油价格一路高升。作为对抗，美国展开对页岩气、页岩油的开发，但是这种还击由于太过猛烈，反而招致石油国家的新一轮还击。在这一系列的动荡中，中国经济的高度成长开始放缓，这导致所有商品化的资源泡沫破裂，其影响一直持续到今天。

但是，今后这种价格下跌的情况可能不会持续下去。过渡性的价格震动已经告一段落，资源本身稳定的升压将会开始发挥威力。包括中国在内的新兴国家经济依然持续增长，印度经济圈和东南亚国家联盟也将进入真正的成长模式。长期来看，今后资源的价格仍将持续走高。

下面，我们将按照能源、粮食和产业材料的顺序，结合各方面的背景和相应对策的事业发展方向，对资源枯竭问题展开探讨。

富裕的生活与能源的消费

首先来看能源。能源消费可以说是近代社会的象征之一。实际上，近代化所带来的富裕程度与能源的消费量是成正比的。

社会的富裕程度与能源的消费关系正如图 23 所示。这张图表现了各国人均 GDP 与能源年消费量（以电力换算）的关系。二者之间基本是成正比的。这意味着：如果想要挣取 10 倍的工资，生活所需能源也将达到现在的 10 倍之多（如果以 160 个国家的平均水平而论，正确地讲，挣取 10 倍工资，需要 9.2 倍的能源；挣取 100 倍的工资，需要 84 倍的能源）。

然而，即便是在同等富裕的国家之间，也存在上下不同的波段。我们知道，迄今为止，发达国家有大半都位于寒冷地区，越是高纬度地区就越需要烧暖气用的燃料。另一方面，即便在像科威特和巴林等高温地区，如果想要过得舒适也需要大量能源来维持空调的运转。暖气可以通过燃料的直接燃烧来获得单纯的热转换，而空调工作还需要从电力到热能的转换，期间产生的浪费还是比较严重的。

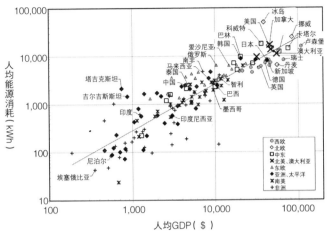

出处：作者根据世界银行*World Development Indicators*制作

图23　富裕程度与能源消费的关系

今后，以亚洲为中心的新兴国家的收益将会大幅提高。与此同时，随着人口的增加，能源消费量也将急剧增长。如前文所述，城市中将会发生人口的爆炸式增长。21世纪，地球上的大半人口都将聚集在城市当中，而今后仍将继续成长的城市大部分都位于亚热带—热带地区。高温的城市中高楼林立，空调的排热与沥青的铺装都将进一步加剧城市热岛效应。

与改善能源效率有关的商机

围绕能源枯竭问题而产生的商机大致可以分为八个方面。但如果只做大体的分类，则可以分为替代性能源、发电—输电—消费效率的改善和综合效率的改善三大类。

替代能源

1.不可再生型燃料的探测与开发（页岩气、油砂和生物质等）。

2.增加不使用有机燃料的发电设备（核能、太阳能和风力等）。

发电—输电—消费效率的改善

1.改善发电站的效率（三重循环联合发电与超临界燃煤发电等）。

2.改善电力输送的效率（分散式电源和需求响应操作系统等）。

3.削减输电损失（高压直流输电和超导输电等）。

4.改善能源消费末端的效率（环保汽车、节能家电和隔热房屋等）。

综合效率的改善

1.削减物资的运输能源（减少二氧化碳的排放、调控交通堵塞情况、转换运输方式等）。

2.从产品的生命角度出发改善效率（生命周期评估和碳中和等）。

富裕的生活与粮食消费

与上一节一样，有关粮食问题，让我们首先来看一下各国的粮食消费水平。图24显示了与人均GDP对等的"人均日摄入卡路里"。这一次我们用半对数坐标图展示它们之间的比例关系。从图中可以看出，在近代社会中，各国居民吃饱饭的合适数值是以近似式来进行定义的。这样就可以得出结论：就算人类能够赚取到现在10倍的工资，个人每天只需摄取600千卡卡路里就能满足吃饱饭的需求。这基本相当于1碗日式牛肉饭的热量。

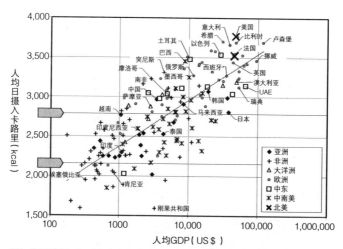

出处：作者根据Food and Agriculture Organization of the United Nations（联合国粮食及农业组织）*Food Consumption Nutrients* 制作

图24　富裕程度与人均卡路里摄取需求的关系

日本食品在世界范围内都获得了健康饮食的评价，但是从图中可以看出，日本人其实在饮食生活上是非常节俭的。跟与日本处于同等富裕程度的美国、比利时和意大利相比，日本人的人均日卡路里摄取量少了1000千卡。虽然日本国内也有人指出这与代谢症候群有关，但是欧美国家的高指标却不是这样简单的问题。日本人的日均摄取量（2810千卡卡路里）基本等同于世界的平均值，但实际上根据联合国世界粮食计划署（WFP）的推荐，每个人的日均摄取量应为2100千卡，也就是比日本人现在的平均水平还要少了1碗牛肉饭。认真来讲，人类其实并不需要担心食品资源枯竭问题，实际上大家吃得有些过多了。

在过量饮食的问题上，它对健康带来的负面影响暂且不论，仅从食品资源枯竭的方面来说，过量饮食对人类的食肉习惯倒是影响深刻。根据世界卫生组织的调查（表3），从1965年到1998年这33年的时间内，人均年食肉量都比前一年多出12kg。按这个趋势发展下去，到2030年为止，有人预测该数字还要在目前的基础上再多加9kg。无论在哪个时代，发达国家的食肉量都高于世界平均水平。至2030年，发达国家的年均食肉量可能达到100kg。

饲养肉食鸡时，如果想要收获1kg的鸡肉，平均需要投入2—3kg的谷物饲料，而1kg的猪肉需要投入4—7kg的饲料，1kg牛肉则需要投入10—12kg的饲料。也就是说，如果人类的食品从谷物变成了牛肉，那么即便人口不再增长，也需要消费相当于目前水平10倍的谷物和水资源来饲养动物。如果吃掉100kg牛肉，就等于间接吃掉1吨谷物。有学者推测，至2030年，世界总人口将增长到84亿；比起1998年的平均水平来说，人类的食肉量将再增加9kg。

在食品供应方面，还有一个更大的问题就是食物浪费。以日本的实际情况来说，每年日本国内的食物丢弃量基本约为食物整体消费量的三成，即2800万吨。这等于是说每个日本国民都要扔掉142kg的食物。其中，因为卖不出去、到期、剩饭等原因造成的"食物浪费"约有632万吨。仅此一项，就远超每年世界全部的食品援助量（2014 年的数值约为 320 万吨）。
想要避免食物浪费，可以通过削减库存量、缩短加工食品的保质期、重复
利用尺寸或品相不合规定的食材、重新审定保质期的时间和改善流通层面
上存在的问题等多种方法。此外，人们也对 NPO 组织的食物银行（Food
Bank）活动抱有较高期待，即把一些无法在市场上进行流通的食物分发给
生活有困难的人群。

表 3 人类对肉类、牛奶的摄取量变化

地域	肉摄取量 （一人年均 kg）			牛乳摄取量 （一人年均 kg）		
	1965	1998	2030	1965	1998	2030
世界平均	24	36	45	74	78	90
发达国家	62	88	100	186	212	221
准发达国家	43	46	61	157	159	179
发展中国家	10	26	37	28	45	66

出处：世界卫生组织（WHO）

与食品资源相关的商机

食品资源枯竭问题可能带来的相关商机可以细分为九个类别。如果只
做大体分类，则可以分为食品增产、确保类和食品节约、减少浪费类两个
类别。

食品增产、确保类

1. 收购农业国的农地—牧场（抢地、新殖民地等）。

2. 开发能够适应严酷环境的谷物品种（使用基因操作技术培育耐热、
耐干旱的粮食品种等）。

3. 开展干燥地区农业种植方法的培训（使用水肥一体化技术、利用高
吸水性树脂来做土壤保水剂等）。

4. 寻找肉类的替代品（以豆类制作的素肉、人造肉、昆虫食材和微生
物食材等）。

5. 农业的工厂化（垂直农业、能够同时养鱼的植物工厂等）。

6.实现鱼类的全部人工养殖（金枪鱼和鳗鱼的全部人工养殖、通过鲭鱼繁殖出金枪鱼的技术等）。

食品节约、减少浪费类

1.提高需求预测的精确度以此减少食品丢弃量。

2.重新审定食品安全规定（重新审定食品可食用期限的标注方法、重新审视包括保质期的标注时间需比可食用时间短去 1/3 的标注规定等）。

3.重复利用被丢弃的食材（通过食物银行活动和将其用作有机化肥等）。

产业资材的枯竭问题

生产用的产业材料基本可以分为三大种类：一是包括金属和水泥等在内的无机材料，二是包括塑料与合成橡胶在内的有机材料，三是包括纸浆和天然橡胶在内的生物材料。

金属、玻璃、水泥类

在金属、水泥和玻璃等通用材料方面，基本不用担心会出现资源枯竭问题。只不过，在金属材料中，由于稀有金属的产地分布不均，这里面存在俄罗斯和中国出于战略上的考虑而对市场价格进行操控的风险。为了应对这一潜在风险，由日本政府主导的"替代材料开发工程"正在顺利推进，并有不少成果逐渐出现在各生产领域中。与此同时，日本通过采取电子零件的循环利用体制和精炼技术，已经基本实现了"都市矿山"的构想。而在日本海上专属经济区，学者们也探明那里存在大量的富钴铁锰结壳和海地热水矿床等深海资源，今后，日本将进一步展开对这些资源的开发工作。

塑料、合成橡胶类

制作塑料的主要原材料是原油蒸馏后得到的石脑油。合成塑料所使用的原油量只占世界原油总产量的 3%，剩余的 97% 则作为火力发电、暖气、汽车用能源使用。也就是说，这类材料的供给状态并不紧张。由于页岩气的出现，我们利用天然气就可以合成聚乙烯塑料，因此这种材料的供应将更加趋于稳定。此外，在伴随着环保热而登场的生物塑料中，来源于植物中的树脂已经被人们冠上了解决资源枯竭问题对策的名号。这是因为，从解决全球变暖问题的角度来看，这种材料具有实现碳中和的卖点。但是，尽管其成本费用相对较低，人们却不对它的实质性贡献抱以期待。它不过是一种理想化的材料罢了。

纸浆和天然橡胶类

今天，纸浆和天然橡胶已经成为一种少见的纯植物材料。迄今为止，还没有哪一种合成纸能在性价比上超过使用木浆制造的纸。天然橡胶也在轮胎制造方面积累了坚实的战绩，直到今天，它仍然占据了橡胶原料整体的四成比例。在已经开始使用可再生植物材料的领域中，基因工程是创新的关键。长久以来，人们曾一直使用巴西橡胶树这种生长在热带雨林的常绿树木的树液来提取天然橡胶，而现在，科学家也正在探讨能够代替它的植物。

比如说，银胶菊是一种生长在干燥地区的菊科灌木，它的特点是成长迅速。此外，还有杜仲茶的原料——杜仲树，以及多年生草本植物俄罗斯蒲公英，它的根部也含有橡胶成分。以上这些都是巴西橡胶树的替代植物。在纸浆方面，长久以来，人们都是从红松和山毛榉中提取原材料，而现在，科学家也在研究使用成长迅速的尤加利和白杨的可能性。对于这些替代植物，人们期望能够通过基因操作来进一步提高他们的生产能力。

全球变暖问题的整体构造

针对可持续性的讨论，虽然看起来是一种理性行为，但是其中却包含了很大一部分感情因素的影响。伴随着新兴国家的抬头，其人口规模和经济规模都呈现出爆发式增长，在这样的现实面前，发达国家等富裕地区的人就会反射性地感到恐惧，最终转向一种悲观情绪。假如是为了抑制这些挑战者的成长，他们才搬出全球变暖这种正义的理论，那未免就太过狡猾了。

针对全球变暖的议题，本来从对原因的解释到相应的对策、计划就千差万别，并没有一个明确的答案。正如我们在第 2 章中所述，既有人警告说"这是对人类能否继续保持文明的考验"，也有人认为这是败北主义者的妄想，是"经营风险之一"。究竟有哪些是从利权角度发出的投机预测，又有哪些是生态学者喊出的教条式口号，如今想要再分辨这些已经比较困难了。

原油枯竭的问题也是一拖再拖。1980 年，专家曾说原油的可开采年限只有 30 年，然而这个数字一直在增长，到了今天，它已经变成了 52.5 年。此外，从页岩油开始，伴随着人们对油砂、奥里油等非可再生资源的开采技术的革新，以及对深海油田开发技术的提高，世界原油可开采储藏量正在逐年升高。

不过，有一点是十分明确的。那就是暂且抛开全球变暖问题的对错不论，它的确将会带来大量商机。其中，这里面有很多内容与本节中曾经论述的资源枯竭问题对策相重合。换句话说，也就是上文提到的与节约能源、资源和食物相关的种种对策。即便没有资源枯竭有问题，这些对策也与生活中最基本的经营问题相挂钩，有助于改善我们的工作效率，因此我们还是应该尽早着手进行准备。

此外，除了上述节约资源的话题以外，我们再来梳理一下全球变暖将会带来的多种商机。如果从与资源枯竭没有关系的角度出发，那么可以总结出六点商机。如果再把这些进行大的划分，则可分为针对全球变暖现象本身的抑制策略和针对次级效果的对应之策两大类。

针对全球变暖现象本身的抑制策略

1.抑制全球变暖、促进气候变冷。

　·在平流层中注入浮质（减少能够到达地表的阳光，形成防护伞效果）。

2.抑制具有温室效应（除 CO_2 之外）的气体向大气排放。

　·减少甲烷的排放（据说大气中 2—3 成的甲烷都来自牛的打嗝儿）。

　·减少氟利昂的排放（包括生产用洗剂和作为冷却剂的氟利昂）。

3.温室气体 CO_2 的固化措施。

　·植树造林：天然的光合作用。

- 人工光合作用：包括使用微生物进行操作的生物反应器和以光为媒介的人工光合作用。

- 地下储存：把在工厂和发电站等地方产生的 CO_2 集中储存到深海或地下蓄水层。

4. 环境税：利用经济措施来促进无碳化发展。

- 环境税制：碳补偿、碳税和生命周期评估等。

针对全球变暖次级效果的对应之策

1. 预防全球变暖带来的恶性次级效果。

- 预防海平面上升：增强防波堤的建设、建立涨潮预测系统。

- 防治热带病：驱除害虫、接种预防疫苗。

- 改良谷物品种：通过基因操作来提高耐热作物和耐旱作物的性能。

2. 准备应对全球变暖带来的良性次级效果。

- 开拓寒冷地区：对冻土带进行产业开发、整备北极航线等。

- 耕地开发：高纬度地区的农业化、栽培热带水果、在温带发展一年三摘三熟的耕种方式。

小结

可持续发展的价值观是今后社会发展的一大趋势，它诞生的社会背景包括新兴国家的急速成长、全球变暖的气候变化，以及千禧一代和良心消费一代人的登场。本节，笔者主要就资源枯竭问题展开思考，考察了它的社会背景和从中催生出的多种商机。

能源

从 2003 年起，以中国为主体的金砖国家经济迅速发展，于是催生出燃料价格的泡沫。至 2011 年，泡沫模式终于结束；但从长远来看，今后新兴国家仍会继续成长，而能源价格也仍旧背负着继续上升的压力。围绕能源枯竭问题而产生的商机大致可以分为八个方面：

1. 不可再生型燃料的探索与开发。

2. 增加不使用有机燃料的发电设备。

3.改善发电站的效率。

4.改善电力输送的效率。

5.削减输电损失。

6.改善能源消费末端的效率。

7.削减物资的运输能源。

8.从产品的生命角度出发改善效率。

食品

仅从卡路里供给的角度来看，我们并不用担心未来可供应的卡路里绝对值。但是，伴随着世界整体生活水平的提高，人类越来越倾向肉食生活，由此导致在流通过程中产生的食物浪费现象也越来越严重。食品资源枯竭问题可能带来的相关商机可以细分为九个类别。它们分别是：

1.收购农业国用地。

2.开发能够在严酷环境下进行培育的谷物资源。

3.开展干燥地区农业种植方法的培训。

4.寻找肉类的替代品。

5.实现农业的工厂化。

6.实现鱼类的全部人工养殖。

7.尽量减少在提高需求预测精度过程中产生的食品丢弃量。

8.重新审定食品安全规定以减少食物浪费。

9.重复利用被丢弃食材。

产业资源

我们不用担心生产用的常见物质（金属、玻璃、水泥等）会有产量枯竭的一天。但是，由于稀有金属在产地上分布不均，其价格市场很容易发生波动。包括都市矿山在内的城市储蓄工作和代替材料的开发，甚至与对深海资源的开发工作都将变得越来越重要。

全球变暖

单纯与全球变暖现象相关的商机将主要出现在以下六个方面：

1.促进全球气候变冷。

2. 针对甲烷和氟利昂的对策。

3. 固定温室气体 CO_2。

4. 环境税。

5. 预防热带病和海平面上升。

6. 与寒冷地区温带化和温带地区亚热带化发展相应的产业转移。

第六大趋势

后工业化时代社会的本相："读心术"的商业应用

正如我们在本书序章中通过 S 形曲线阐述的那样，随着时代的发展，作为时代的主角——技术领域也悄悄发生着变化。在硬件方面，我们历经了从土木建筑领域到机械、电机、电子工程学领域的技术变迁，而接下来，生物化学领域的技术革新将成为时代的主旋律。生物化学是指通过对细胞和基因进行自由加工，以人工的方式对生命进行重新编写的技术。

这种技术的出现将很有可能为农业和医疗领域带来极大的变化。与此相对，在对信息进行操作的软件技术方面，人们原本是为操作机械才展开对这一领域的探索，但现在，借助网络的力量，软件技术已经成为管理人类社会不可或缺的存在。信息技术目前正朝着两个大方向全速前进：一个是用信息填满人类居住空间的 IoT（物网络）技术，另一个则是 BMI（脑机接口，Brain Machine Interface）技术，它的发展目标是找到不断走向人类心灵的 AI（人工智能）与大脑之间的连接点。

服务化是长期近代化进程的终点站

战后，日本曾经实现了一段奇迹般的经济成长。在当时那个机械电子学作为时代主角的时期内，日本技术在机械、电子工程学等领域全面开花，作为制造业大国，日本成功掌握了大量财富和大国自信。然而，仅仅过去半个世纪，这些商品就逐渐变成了生活必需品，而从生产制造到研发，各个生产环节都在向新兴国家转移。

在如今这个竞争激烈的时代，比起应该如何生产一种硬件，人们更关心的是通过硬件组合，能够实现一种怎样的经济模式。虽然今后硬件仍然不可或缺，但是想要生产一种唯一的、让人感觉不可或缺的设备，将变得非常困难。设计开发的对象将不再局限于电机和机械等硬件领域，因为它早已晋升成为一种在经营活动中必不可少的价值链单位。

以汽车产业为例。过去，汽车生产商的基本使命是以更快的速度、更低的价格为顾客开发优质的车辆。但是，在驾驶过程中，还会产生许多其他的服务项目。比如，对汽车的修理养护服务、驾驶管理服务、保险、出租服务、短租服务、共享停车服务、出租车等车辆调度服务和运输服务。此外，车载资讯系统、定位服务和共享汽车等信息服务市场表现也非常活跃。与此同时，工作流程的开放化也在不断推进。从定制汽车到委托开发，从责任制度到委托代销和市场营销等，这些核心业务的外包已然成为一种理所当然的现象。

　　波及所有产业发展的信息化进程，将这些以往独立的服务项目逐渐联结在一起。哪里是起点，哪里又是终点，在服务一体化的进程里面并不存在既定的规则，新型服务市场可以说正呈现出"百家争鸣、百花齐放"的局面。如果要说一条普遍存在的真理，那就是掌握信息者占据优势，只有建立了持续收集信息平台的人才能实现利益最大化。这就是服务产业的基本规则。

　　目前，在发达国家中，7—8 成的劳动者从事的都是服务产业，并且这一比例还在继续走高。图 25 显示了服务业对 GDP 的贡献率变化趋势。

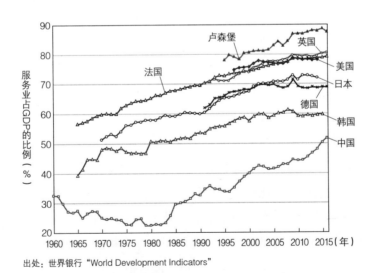

出处：世界银行"World Development Indicators"

图 25　各国 GDP 中服务业所占比重的推移

从中可以看出，在英国和美国，诞生于服务产业的附加价值几乎达到近80％的比例，而在制造业大国——德国和日本也有近70％的比例。日本和德国的比值基本等同于英美在1990年的情况，这说明日、德的服务化进程比英美两国晚了约25年的时间。其次，贡献率达到60％的韩国比日本晚了25年，而紧追韩国的中国则比日本晚了50年。

当然，这并不是说日本和德国已经失去了自己在制造业上的优势。日德长久以来积累的制造业经验，并不是其他国家能够简单复制的。但是，正如农业中的六次产业化革命一样，伴随着今后价值链的融合，制造业将不再是产出附加价值的主要产业。这也正是所谓的"制造业的服务化"。在本节中，笔者将针对日本制造业整体所背负的压力——"制造业起点的服务化"来展开思考。

从制造业转向服务产业化的六个模式

在商业模式从制造业向服务业发生转变的进程中，存在几个基本的模式。本书主要对其中的六个模式进行探讨。

1. 摆脱一次性销售的消耗品经济（内容化）

在有限的几个与制造业服务化相关的话题中，最基本的模式就是所谓的"消耗品经济"。比如，在喷墨打印机的墨水盒和剃须刀的替换刀头行业内，就是通过下调机器本体价格，或是导入出租模式来降低成本，再以提高消耗品利润率的方式实现产品的最终利润，这已经是行业内的惯用手法。我们也称这种模式为垄断价格战略或 Install Base（安装基础）模式。在牙刷行业内，只要能够售出电动牙刷的机体，那么替换用的刷头就可以作为一种消耗品持续售出。通常来讲，替换用的刷头单价常常要比单支牙刷的定价高出许多。此外，还有一种与此相近的模式，它并不把产品本体当作一种消耗品，而是把其用作一种消费材料的"排气机"。其典型例子就是饮水机的水桶到家配送服务，而瑞士的雀巢公司旗下的 Nespresso 则进一步提升了这种模式的附加值。

如今的印刷产业已经进入了3D打印时代，应市场要求，公司能提供打印各种产品的服务。根据客户的意见，供应商不仅能打印各种造型的产品，还能提供巧克力、蛋糕上的奶油装饰以及比萨底坯的打印服务。作为这一服务的延长线，有学者预计，今后很可能还将出现能够"在桌面打印"食品的料理机。荷兰的飞利浦公司出品的面条机可以说就是此类产品。这种料理机可以实现用户在家用面粉做面条的愿望。并且，除了使用官方制定的面粉混合比例外，用户还可以自创面粉的混合比。于是，网络上慢慢就出现了一批喜欢分享自己面食食谱的爱好者，通过互联网的力量，也彰显了产品前所未有的影响力。

与这种消耗品模式相反，现在还有一种一次性销售模式，它指的是像一次性发热贴、一次性相机这种产品，由于这类产品在结构上无法分解，因此就必须促进市场对它的一次性消费。

像便携音乐设备和游戏机等存在终端机器产品的经济模式，则与消耗品经济模式构造相同，因为它也是由可重复使用的硬件和需要进行替换的软件构成。

任天堂的 DS 掌上游戏机、亚马逊和乐天的电子书终端设备等产品都采取了以较低价格供应可供重复使用的设备，而对游戏和书籍等内容方面的东西收取费用的发展模式，以此来保证产品的最终利润。虽然苹果手机 iPhone 和 iPhone 的应用软件也是同样的模式，但是随着机器本体的通用性渐渐增高，"利用软件赚取利润、以较低价格销售硬件"的倾向就会越来越弱。这是因为一旦机器本体成为该项目的专用机，那么它对内容的掌控力也会越来越强。

2. 运维经济（MRO 管理）

在基础设施等 BtoB（企业对企业）经济中，维护管理服务是最大的收益来源。在以电梯为代表的硬件领域，和包括信息系统等在内的软件领域中，比起产品的初期销售利润，后期的维护管理往往能带来更大利润。

以电梯为例，基于法律法规的安全性定期检查自不用说，目前，电梯的维护服务不仅包括为减少等待时间而展开的运行控制和从 ESCO（energy service company，能源技术服务）角度出发的节能运行操作，其服务范围甚至拓宽到安保领域，比如当电梯内发生暴力事件时，运营公司会利用图像处理装置对电梯内部进行监控。

在喷气发动机行业中，早在20世纪90年代，美国的通用电气公司就开始向航空公司提供远程维护管理系统，这大大提高了该公司的市场份额。通过日常的远程监控，通用公司能够时时监测发动机的工作情况，这既能防患于未然，也能在待机修理的模式下提高发动机的运转率。日本小松公司研发的"KOMTRAX"康查士系统，则在建机领域发展出同样的经济模式。

在BtoC（企业对消费者）经济领域中，预防电脑感染病毒、自动诊断和杀毒等维护管理，理所当然般为用户提供了远程服务。汽车产业如果继续向共享汽车和租赁模式发展，远程管理自然也会随之跟进。如果全自动驾驶汽车能够得到普及，那么产业整体朝向服务化发展的趋势将更加明显。这样一来，车辆调度服务和通过搭载目的地不同的乘客以实现免费接送的服务等各种项目都将应运而生。

普利司通公司针对货车和公交车营业者提供一份名为整体套装专案（Total Package Plan）的服务，也就是说公司会对已销售的轮胎进行维护、检查等管理。公司定期检查轮胎情况，一旦有需要，则提供轮胎换新服务。比起单纯的轮胎生产和销售，目前的轮胎产业已经显示出向能够提供良好车况的服务业进化的趋势。

这种被称为MRO（Maintenance维护、Repair维修、Operation运行）的管理模式，以往只出现在飞机和生产装置受限的特殊产业。未来，或许它将在更多的制造业领域中占据经济模式的主体地位。

3. 租赁、短租模式（金融化）

目前，"从拥有到利用"的趋势已经越来越明显。以汽车产业为例的话，或许读者会更容易理解。"什么时候能拥有一台皇冠呢"，过去，汽车曾经是人们憧憬的对象。但现在，它已经朝向只在形式上所有的短租模式、以折旧价来进行分期还款的租赁模式和所有权属于多数所有者的共享汽车模式发展，车主情结这种感伤的价值观已经越来越淡薄。不仅如此，美国优步（Uber）公司还推出了应市场需求调配车辆的服务与拼车服务。可以说，蓬勃发展的共享经济正在把可移动的车辆和人们的移动需求联结在一起。

社会正在走向成熟，我们不再像过去一样以饥饿营销的手法来推动经济的发展，而是通过为商品和服务安排合理的"机能"来发展经济。

认真说来，在把产品按纯粹的机能进行切分的 BtoB（企业对企业）场景中，通过计算运转率和折旧率，就可以得出是买还是借的答案，这里面根本不存在感伤的余地。在如今这个穷人经济时代，资产要尽量实现证券化和失衡状态。因自家公司拥有自己的大楼就感到骄傲，已经是一种过时的心态了。

另一方面，BtoC（企业对消费者）经济中却逐渐渗入了对产品的占有欲和虚荣的感情因素。因此，和 BtoB 相比，在 BtoC 中"拥有"的动机更加强烈。从结果来看，过去，人们都是通过贷款的方式来购买汽车和不动产等昂贵商品，而对于像露营用品和礼服这种使用频率较低的产品，则采取租借的方式。但是近年来，在名牌包和珠宝饰品这种本是欲望对象的感性领域中，租借经济也逐渐发展起来。即便本应该是私密空间的自家居室，通过房屋共享服务，也摇身一变，成为一种能够产出利润的生产资料。

如此，物品响应市场需求的倾向越来越明显，其影响范围也越来越大。新兴国家正如从前的发达国家一样，开始出现了满足人们欲望的消费市场，而这种现象好似一种经济发展必须遵守的礼仪。如今出现在发达国家的"从拥有到使用"的变化趋势，迟早也会成为流行在发展中国家年轻人之间的消费潮流。

4. 品质保证机能是主角（保险社会化）

租赁经济和共享经济看起来似乎与二手商品销售行业存在千差万别，但实际上它们之间有很多共通之处。无论是哪一种经济模式，它们都是由对商品提供"品质保证"的经营方通过获取商品的对等价值来实现盈利的。

当我们购买一项正品商品时，商品制造商对商品品质和性能负有全面的责任。一旦商品出现问题，消费者可根据制造者的责任来寻求补偿。而对于那些几经人手的商品，当它们出现在转卖或租借市场上，其管理者同样负有相应的责任。所以我们才说，租赁经济、共享经济与二手商品销售经济存在共通之处。因为，它们都是一种希求获取与维持和商品品质所付出努力相等价值的经济模式。也就是说，这与企业的品质保证部门逐渐成为一种独立的事业现象相似。在新兴国家，人们创造了一种双赢的经济关系。即无论是自己公司的产品还是盗版产品，都可成为公司的品质保证对象。

现在，还出现了一种把二手商品当作正品来进行修理的商业模式，也就是所谓的翻修市场。以前，翻修的主要对象是二手车（受认证的二手车）和高级相机，而最近其交易对象已经扩大到智能手机和扫地机器人等商品。通过这种经济战略，不论产品源自哪里，只要是在二手商品市场，商家就可以积极地进入市场展开活动，以求提高自己在品质保证方面的信誉。

在食品领域中，"瑕疵商品"也开始拥有品质保证的价值。虽然表面看起来不够完美，但是消费者明白其味道和新鲜度是不存在问题的。接近保质期的加工食品和剪掉标签的服装也是如此。可以说，这些产品都反向利用了关于品质标准的场面话与真心话的双重标准。在这种经济构造中，故意对真相加以保证，反而能够获取利润。

在定制商品和改造商品的市场中，商品的质量保证同样是决胜的法宝。近年来，在开放资源的环境中，由"大家一起制造的商品"越来越普及。其中的典型例子就是Linux系统程序。由于它是大家共同努力的成果，因此其系统基本是无偿销售。但是一旦在使用中出现任何问题，其责任应该由谁承担就不够明确，这也是它的内在问题。着眼于这一点，美国的红帽（Red Hat）公司推出了对Linux系统的品质保障服务。针对开源程序，红帽公司逐一找出特定部分存在的问题点，并将成果有偿提供给市场。这是一种解决了世界上没有免费的午餐这一矛盾的创新行为。

在电子商务和网上交易领域，开放性同样产生了矛盾。从身份不明的人那里买入商品时，其中的瓶颈就是商品的品质保证问题。为了尽量对此进行担保，消费者就从商家的交易记录和评价中对商家的可信度进行判断，并以星星和王冠的数量来进行心理排名。这种信用评价机能已经成为支撑开放社会的必要条件，也是一种重要的经济模式。随着云资源大环境的发展，任何商品的生产似乎都变得十分容易，而商家对商品的品质保障机能也显得越来越重要。

5. 设计开发部门的独立（设计工作室化）

以上内容主要围绕着制造业的周边部门，也就是售后服务部门和品质保障部门等逐渐独立出来并产生价值的服务化趋势进行了讨论。在这样的大环境下，只有生产商的中心——研究开发部门的发展比较特殊，它已经变成了一种独立的模式。在这里，我们也可以把它看成另一种产业的服务化转型。

在电子工程学领域，从 2000 年左右开始，减少制造厂家和制造轻量化的行业模式开始得到普及。中国的 EMS（专业电子代工服务）企业刚刚开始显露头角，而美国的高科技企业，如苹果公司、高通公司（便携智能手表 LSI）和赛灵思公司（FPGA，现场可编程门阵列）等已经走上了减少制造厂家的发展道路，并构建了高收益的经营基础。

在比电子工程学更加"轻巧"的产业中，很久之前就开始了制造轻量化的发展进程。

其中，由零售业者研发、销售自家商品的自有品牌（PB）就是典型例子。在加工食品和服装产业中，市场天平也开始向零售业者倾斜。举个简单的例子，比如西友公司的自有品牌"大家的评价"。正如品牌名称所示，通过顾客对自己产品的评价而逐步提高的市场竞争力才是真正的价值，也只有不断听取大家的评价才能强化公司的自有品牌。

在制造工程领域中，随着生产技术的普及，价格决定权逐渐转移到负责产品流通的这一方手上。其发展趋势是从传统的零售业转移到电视购物，最终则到了电子商务领域。这是因为电子商务拥有大量与顾客的接点，它能够进行更加细致的市场分析。2016 年，亚马逊公司也终于在服装领域开始发展自有品牌（男士服装品牌"Franklin Tailored"，女士服装品牌"Lark & Ro"等）。

如果说制造业的企划部门和开发部门正在朝外包的趋势发展，那么流通领域则朝着以自有品牌为代表的外包加工方向发展。在二者之间，还存在一个开发机能的外包服务分栖。

6. 市场部门的独立（高度的服务化和针对性）

谷歌公司的搜索广告和邮件广告等，都是从广告投放人那里回收费用的经济模式。通过广告收益，谷歌可以免费向一般用户提供搜索和邮件功能，因此我们才能无偿使用网络服务。

电视节目和电视广告的关系也是属于同样的经济构造。电视节目可以无偿地向电视用户播出，但承担着节目制作费的赞助商，则通过播放与节目联动的广告来获取相应的促销效果。在这一过程中，切实提高收益的其实是广告公司。

谷歌公司的广告和电视台广告的根本区别在于，谷歌暗中采用了一种网页跟踪的手法。根据这种技术，谷歌可以向每位用户播放个性化的广告内容。"以个人为单位、电视节目能够实时确认自己的收视率"是网络播放的特征。

这样，具有高度针对性的服务逐渐得以推广。通过捕捉用户行动，网页就能自动为个人定制匹配的广告内容。这项技术的魅力实在无可抵挡，它也拥有强大的破坏力，即促使一条广告播放完成的所有工序都开始向无偿化发展。从赞助商的角度来看，这项服务能够自动选择消费潜力高的顾客，是非常了不起的。甚至可以说，这种重要的工作进程本身就是一次市场营销活动。

因此，如果在网络上根据用户的操作记录来进行用户行动分类，并为个人用户播放最合适的广告，这里面自然就会慢慢形成资金的积累。这种数字世界的广告功能，可以说是为了信息服务而存在的服务，即超信息服务。引导网上商机这一业务将创造巨大财富。

走在网络经济前端的美国，有一种被称为数据中介商的产业。这基本等同于日本所说的"个人基本信息贩卖商"，但是两者的规模不可同日而语。在美国的数据中介商中，营业额超过10亿美元的企业有3家，它们分别是安客诚公司、LexisNexis 公司和 CoreLogic 公司。以安客诚公司为例，公司拥有 2 亿以上人口的个人信息，并且每月进行更新。其数据库中不仅包含个人的年龄、住址等基本信息，还包括商品购买记录和健康信息。公司把个人的行为类型归纳为 1400 个类型，并把它传送给合适的企业客户。

可以说，走在大数据时代前端的这种经济模式具有无限的可能性。今后，很多商品将会变成收集顾客定位的手段。因此商品就能以低于成本的价格流入市场，我们也进入了一个以数据为核心的时代。这表示，所有商品可能都会成为像"零元购机"似的东西。从某种意义上来讲，这或许就是制造业的终极进化形态吧。

小结

本节我们围绕"制造业的服务产业化"趋势，以六种类型的经济模式展开思考。可以看出，波及所有产业的信息化趋势，促进了从上游到下游，也就从产品的制造到终点——用户所使用的服务范围内，以该产品为中心的各种周边经济走向一体、走向大融合。

新增加的服务带来了更多的附加价值，因此，相对而言，制造工程的附加价值看起来在减少。但是，从服务中得到的信息常常与之后商品开发中的设计环节直接挂钩。所以，成为服务供应商，有时也是一种为了继续生产具有更高竞争力的核心产品的手段。

1. 摆脱一次性销售的消耗品经济（内容化）

制造业向服务产业转变的第一个基本步骤就是消耗品经济。例如，3D 打印技术的用途今后将变得更加广泛。其中，我们自己在家里创造性地制作料理的愿望就很有可能得以实现。在构造上，与消耗品经济类似的下载软件的收费模式也很有可能在未来得以拓展。

2. 运维经济（MRO 管理）

最近总能听到 MRO 管理也走向服务化的例子。通用电气公司的喷射式发动机和小松公司的 KOMTEAX 就是其中代表。实际上，这种模式是制造业服务化类型中最具现实意义的一种，也许它将会成为未来经济中的支柱模式。

3. 租赁、短租模式（金融化）

眼下，最炙手可热的经济模式就是这种伴着共享经济之风兴起的模式了。通过灵活运用社交媒体的影响，这里面总能诞生意想不到的创新。当它把 BtoB 经济中理所当然的经济手法带入 BtoC 的世界时，这里就产生了经济的革新。

4. 品质保证机能是主角（保险社会化）

如果要对商业的对等价值刨根问底，那就一定是商家的信用和商品品质保证的责任。从这个意义上来说，通过重新思考二手商品和瑕疵商品的品质保证定义，就能带来新的经济模式。这种类型也正是由于受到如今开源、开放式协作潮流的影响，才更容易产生革新性的商业模式。对信用评价的定量可视化操作，是这一经济模式成功的决定性因素。

5. 设计开发部门的独立（设计工作室化）

在生产技术极大普及的领域，外包的趋势正在愈演愈烈，与此相反，开发部门则越来越独立。由于拥有大量与用户的接点，了解客户消费类型的商品流通领域正在走向强大。其中，电子商务掌握了用户的网页操作记录，因此其实力不可小觑。亚马逊等大型综合型企业，如今正从产业下游转向打造自有品牌，进军制造业。

6. 市场部门的独立（高度的服务化和针对性）

今后，公司销售自家产品的真正目的，很有可能是为了了解用户的行为类型。这可能就是制造业服务化的终极模式。被称为"最终老板"的数据中介商，将对所有顾客行为模式进行模板化分类，渐渐成长为元数据（MetaData）供应商。

第七大趋势

真实与虚拟互动：从大脑到城市，智能化升级

正如上节内容所述，作为一种市场信息，个人的行动记录具有很高的价值。如果以个人在网络空间的行动来说，那就是用户在信息终端的操作记录，这种行动相对容易捕捉。但是，想要捕捉个人在真实空间的行动是比较麻烦的。以智能手机用户为例，通过 GPS 定位来获取的位置信息和录制下来的画面等都是捕捉用户行动的重要线索。当然，手机的钱包功能和车票功能中的操作数据也可以成为一种线索。

但是，如果排除这些手段，我们就只能依赖于在空间中随时待命的家电产品和基础设施的机器，从这些地方采集到的信息也是一种重要线索。通过联网的空调、冰箱、自动售货机、银行 ATM 机和信用卡刷卡机这种存在于社会基础设施中的接点，我们可以获取设备使用者的行动记录。有时，店铺中安装的监控摄像头和汽车的行驶记录仪所拍摄下来的图像，也可以通过图像识别系统转换成行动记录。通过拍摄到的人脸信息，我们不仅能够判断他的年龄和性别，还能从中推测出时下流行的化妆趋势和人的喜怒哀乐等心理状态。

如此，数字化的信息素材不仅作为一种市场信息受到企业家的重视，它也是行政单位的重要信息来源。为了缓和交通堵塞，或是为了采取灾后的相应对策，生活中，我们在很多情况下都需要了解人类的行动模式。在公安系统中，为了搜索犯人或防止恐怖袭击，也需要收集大量的个人行动信息。

在本节中，我们将以"在现实空间中不断扩张的数字化潮流"为话题，对如何巧妙地收集信息，如何应用具有价值的信息等问题展开思考。

人、物、空间的智能化

在上节中我们曾反复说到，如果继续推进数字化进程，那么所有的事

物都能摇身一变，成为一种传送市场信息的装置。如今，几乎所有的电气化产品都具备数字控制功能，甚至于电饭煲和马桶也可以通过微型计算机进行精细的操作。不仅如此，作为不使用电气驱动的机械类产品的典型代表——发动机，如今也是通过电子操作系统来控制燃烧、爆炸等粗暴的物理现象，以求达到最高的动力生产效率。这样，通过机械工程学诞生的产品，也逐渐配备了电子工程学的操控结构。可以说，几乎所有的机械产品都在向电子工程学领域发展。在智能化从业人员看来，通过机械制动的人工硬件已经走到了尽头。为了追求机械产业的新天地，今后，智能化将朝着两个方向继续推进。

其一，是此前土木技术和建筑技术的施工对象——大型空间。在空间的智能化这一大标题下，衍生出了各种定位服务。一旦给空间贴上电力标签，用电方就能接收到被称为需求响应（Demand Response）的电力信号发送服务。通过在城市中装满传感器和摄像头，就能实现对城市的动线管理和安全管理。如果按这种方法对城市进行智能化建设，就能建成一个智能社区。这种发展趋势也被称为 IoT（物联网）、O2O（线上线下融合）或 M2M（机器对机器）。

为了提高业务效率，企业资源管理系统（ERP）的商务拓展（Business Development）需求开始登上时代舞台，而产生剩余价值的系统集成商（System Integrator）所发现的新大陆正是这类"空间智能化"的商机。

如果说需要一定的占地面积才能产出附加价值，那么最具附加价值的空间正是第三产业中的办公室，或者说是高楼林立的都市空间。其次，则是工厂、农场和渔场。空间的智能化进程也会按照这个顺序逐渐推广开来。也就是说，数字标签会从预算比较充足的空间开始向外扩张。这样，对于计算机来说，可视化的空间就会变成一种新型商圈。

其二，智能化将向此前几乎从未触碰的黑暗大陆进发。也就是人体本身，或者说是人类的心灵与身体。和上面所说向空间扩展的智能化相反，这里的智能化趋势将影响到我们人类自身。因此，图像识别和声音识别等识别技术、陀螺仪和加速度传感器等测量位置和距离的感应技术，以及

155

MRI（核磁共振成像）和脑电图检测仪等能够读取脑接口技术的发展将为此做出重大贡献。使用这些仪器持续观测人类的行动和状态，我们就能算出具有高附加值的人体输出信息。由于这种信息能够对研究人类的健康寿命和能力的开发带来重要启示，因此这些与智能化相关的技术也十分具有投资价值。

增强现实技术正在用标签填满周边世界

把现实空间与数字信息相结合的技术就是 AR 技术（Augmented Reality，增强现实）。从 2009 年左右开始，这项技术迅速走向应用。它与 VR 技术（Virtual Reality，虚拟现实）的不同之处在于，它是以"现实"为基点，再现了将现实世界与虚拟世界重合后的景象。在这里，智能手机和数字相机所拍摄的画面就像通过特殊眼镜看到的景色一般，物体的名称、属性和履历信息等就出现在画面之上，好像漫画里的对白框似的。

AR 本来是面向专业场景开发的技术。也就是说，它原本是面向双手都不得空闲的作业者设计的技术，比如钻入汽车下面一边看说明书一边进行作业的机械师、战斗机的飞行员、手术中的主刀医生等。通过在他们所佩戴的设备上显示信息，就可以指导他们完成复杂的作业项目。作业顺序和对方识别信息等都能方便地显示在眼前，因此作业者无需转移视线。AR 技术要求计算机在识别画像后自动测定对象身份，找出相关信息，并根据对象位置的坐标信息进行投影，因此比起 VR 技术，它要求更高的技术精度。

随着"精灵宝可梦 GO"手机游戏的传播，大家逐渐开始了解 AR 技术，但其实在一些民生用品中，我们能够体验到更高级的技术成果。比如，日本的先锋公司就开发了一款车载导航系统"Cyber Navi"，只要把驾驶席的遮阳板换成平视显示器（HUD），就可以在前挡风玻璃上显示与前方道路位置相符的路况信息，其中包括用箭头表示的导航方向和路线。这项技术为驾驶员在行车时带来一种好像在玩电竞游戏一般的酷炫体验。

除此以外，日本电信商 NTT DOCOMO 还开发了一款 AR 翻译应用"扫一扫就翻译"。只要在智能手机上下载这款应用,手机的摄像头就能实现AR功能。打开手机镜头,对准路边的看板或饭店的菜单扫一扫,用英语、韩语书写的信息就能自动翻译成日语。这款应用十分注意文字颜色和背景颜色的搭配,因此其画面显示十分自然。上述这些,在几年以前还是只在科幻电影中出现的技术,如今它们已经迅速实现了在生活中的真正应用。

近年来,与陀螺仪、毫米波雷达等测距、定向设备有关的感知技术和能够识别声音、画面的软件技术取得很大发展,这也为AR技术的实用化打下良好基础。今后,随着这类技术商品化程度的加深,它将带来更多商机。

3D全息投影也是AR技术的应用之一。在户外演出时,为了渲染气氛经常会用到全息投影,这点大家已经非常熟悉了,其实这项技术还有很多其他的用途。例如,它能够提高汽车行驶的安全性。利用全息投影,在汽车行驶过程中,汽车底部和侧面的景象就能一览无余。这种技术能够拍到从驾驶员的角度刚好能看到的景象,通过把这种景象投射在车门内侧,驾驶员就可以像透过玻璃一样看到车门外的情况。这项技术对于汽车在左转时可能发生的将人、物卷入车底的事故也能起到预防作用。

除了图像识别以外,如果我们在被投射物体的表面贴上RFID芯片,就可以通过近距离无线通信技术把物体的信息放入所拍摄的画面内。这样,即便是隐藏在书店里高高摞起的书山最下面的书籍信息,也能通过无线电波轻易读取到,因为射频识别技术甚至能够识别出照片背后所隐藏的信息。

AR技术同样也可以应用在视听领域,这也就是所谓的降噪技术。用麦克对周围的环境音进行收音,然后用播放器播放合成的反向声波,这样就能中和周围的环境音,达到降噪目的。明导公司(Mentor Graphics)开发的ANC(主动降噪)系统就利用了降噪技术,通过调整汽车内部多个播放器的音量,结合乘客在车中的位置,最终实现消除车外噪音的效果。这些事例正是AR技术在听觉世界的应用实例。

伴随着声音、图像和脸部识别软件的进步,AR技术在现实世界中实现应用化的可能性也逐渐变大。目前识别程序的运行依旧需要强大的信息处理能力作为支撑。虽然 AR 技术现在尚不能在日常生活的场景中实现应用，但是随着大环境的普及和人们对计算机强大计算能力的利用，未来 AR 技术的前景依然广阔。

智能社区也是增强现实的一部分

发展增强现实技术的最终目的，并不是像目前车载导航系统和智能手机的应用那样，对周边的现实世界进行加工，让它变得更加便利。广义的增强现实技术的最终目标，是给社会中的所有场景都标注上数字信息，以后就通过数值来掌握周遭事物的状态和变化。换句话说，这项技术的开发目的包括多样内容，如满足市场化节能需求、智能电网、保障地区安全、守护老年人等。

我们把实现这些目标的社会称为智慧城市或智能社区。在极度发达的智能社区中，从人和汽车的动线情况、大楼各层的电力使用情况、田里蔬菜的生长情况到独居老人的安全情况，这些所有的生活状态都将通过某些手段随时处于监测之下。在经过对数值的意义解释之后，这些状态将作为标签被贴在虚拟空间中。一旦发生任何异常或有人提出意见，那么社区内部都将接收到警报式通知。

在自治体等地区，增强现实技术或许能在防灾、防盗等安保角度和能源管理、交通堵塞等方面得到应用，其应用的主要目的是方便自治体内部公共信息的发送。从商业角度来讲，增强现实技术或许会像电脑屏幕上突然弹出的广告窗口一样、被作为一种播放商品促销信息的手段。在自动售货机、电子显示屏上安装摄像头，持续对过往行人进行人脸识别，系统通过发型、服装等推断对方的性别、年龄、职业等信息，然后有针对性地显示最适合的商品，诱导人们去往最近的店铺。大街上穿半袖衣服人口的比例和街上撑伞人口的比例等信息，都是这项技术把人类本身当作气象传感器的一种灵活手段。通过对表情和声音的识别，它就能推断出人所承受的压力值等心理情况。可以看出，这项技术在通勤电车、职场和学校等场景中也具有很高的利用价值。

一旦开始对多个摄像头所拍摄的内容进行综合分析，我们就能掌握一个广大区间内的人口流动情况。只要配备了摄像头和图像识别功能，就可以锁定流窜在街道内的罪犯，或是识别倒在地上的病人、识别事故，并自动报警。由于这些信息都是官民可以共享的基础信息，所以终有一天，它将会像水电一样，作为一种公共设备随时公开给民众。

　　在处理这类个人信息时，如何保护隐私是经常会被提到的问题。因此，画面和文字信息、操作标签信息和本人 ID（身份）信息都必须保证是相互独立的。只不过，正如邮件中收到的广告和谷歌公司开发的"街景应用"那样，有很多事例表明，在服务出现的初期，虽然有人对它是否会对隐私造成侵害提出异议，但是由于它强大的便利性，最终也便不了了之。

　　从各个不同的年龄层来看，人们对于个人信息的敏感程度是不一样的。"数字原生代"从小生活的环境便充斥着各种利用个人信息的服务，因此他们对于这类服务不会产生明显的抗拒感。但是在他们之前的一代人可能就无法接受这种服务。但我们应该了解到，尽管隐私的问题不断被提起，但是违和感和抗拒感总是会伴着"习惯"而慢慢消失。如果依赖老一辈人的直觉来进行创业，那很有可能错过了不少商机。

　　此外，增强现实技术的应用对象还存在于更广阔的领域当中。从人工卫星观测的气象信息，到对农作物生长情况的监测，再到使用 GPS（全球定位系统）的地理服务等领域，从宏观来讲，增强现实技术观测的对象是无穷无尽的。在以实现普适计算、感应网络和 M2M 等技术为目标的世界中，通过把现实世界装满传感器，我们就可以观测到从上面经过的人、物、电力和风力等物资管理信息。之后，通过对信息中所包含的相互关系进行总结，我们就能找到新的商机。同时，正如使用了人工卫星的谷歌地图应用一样，我们还可以鸟瞰信息整体布局，并充分利用这一优势。

　　如果用云计算来解释在现实世界中发生的一切，把其中与现状和属性相关的信息贴上标签，那么其附加值马上就会升高。这种感觉就像给单调的街道两边摆满五光十色的电光看板。与此相反，如果某项活动不能在"云"中找到，那么就可以默认为那里什么都没有发生。假设我们要在市民文化宫里开一场演唱会。通过流媒体，其过程可以向全世界播出，但是这里面既包括在网络世界中可以共享、可供视听的内容，也包括不会在网络上进行宣传的孤立式（Stand-Alone）演唱会。也就是说，后者是面向特定观众的迷之演唱会。

人类的数字智能——终极目标是直接连接大脑

在数字智能化技术尚未触及的现实世界中，最具价值的信息金矿矿脉就在人体当中。人虽然是由心灵和身体共同组成的，但是数字智能化的趋势已经对人类的身心这个巨大的信息源造成了影响。

传感器类的产品正在不断向人体逼近。可穿戴式机器就是其中的代表。眼镜、手表、装饰品和服装等，这些长时间附着在人体身上的人造物品已经取得了很大的发展，甚至已经得到了民众的认可。在这些物品中，通过悄悄让大家习惯佩戴这些取得小型轻量化进展的传感器，科学家们正在努力尝试从中捕捉来自人体本身的各种信息。

例如，在通过眼镜和耳机所取得的人类脑波信息，和映在镜子中的脸色、表情等相关信息中，都含有大量的、看起来有用的生命体信息。这类信息具有较高的分析价值，可以用来推测人体的健康情况、压力指数、对商品的购买欲望和对工作的动力等信息。如果把传感器的像素提高 10 倍，那么所获得的信息量也将增加 10 倍。在现实世界中，我们已经可以把传感器的像素提高到分子大小，所以，能够作为研究对象的数据量其实是无限的。

从在日常生活中看起来平淡无奇的接口处也能提取到生命体信号。比如，通过敲击键盘的指尖压力、打错字的频率，以及在走廊中的脚步声就可以推断一个人的健康状况。包括厕所和浴室等场所在内，在日常生活中，其实有很多可以收集信息的机会。如此一来，从我们身体中渗出的信息就会被当作大数据来进行处理分析。

另一方面，通过使用 fMRI（功能性磁共振成像）等高级医疗器械，我们也可以直接从大脑的活动状况来读取它正在思考的内容。目前这种技术的精度正在不断提高，已经进化到可以通过头部扫描，重新构筑被检查者眼前所看到的画面。日本国际电气通信基础技术研究所（ATR）的脑信息研究所就发表声明称，他们已经找到了实现梦的可视化之路。从中可以看出，通过这种手法来实现广告效果的"神经营销学"已经开始崭露头角。它以消费者的视线和脑电波信息为基础，力图阐明消费者购买行为的因果关系，即消费者是在看到或听到什么东西时，脑中才做出一定要购买行为的决定的。一旦脑部扫描技术能够取得新的进展，我们就可以对它在神经设计学（neuro design）、神经管理学（neuro management）和神经政治学（neuro politics）等新场景下的应用抱以期待。此外，通过对作业者和学生的脑部情况进行观察，就可以测定他们在哪个环节中的作业效率比较低，这样就能顺势开发出效率更高的优秀学习法和工作程序。

如今，在为奥运会备战的顶级运动员的训练现场，为了提高训练效果，或者是为了调整运动员本身的适应能力，都会采取一种被称为生物反馈（Biofeedback）的训练方法。

脑部活动是人类天生的生物现象，因此，尝试把不断进步的云网络直接连接到人类大脑的行为或许也是一种自然的发展趋势。通过观察大脑所感受到的兴趣、不满、安心和恐怖等情绪，云设施能够找到它最佳的反馈方式。或许可以说，科幻小说中的高科技景象，就是不断发展的 AR 技术的终极目标。

数字制造促进了结构开放

空间的数字化总是优先从能够产出更多附加价值的产业开始。在办公室空间之后，紧接着的就是第二产业的现场，即制造工厂。在这里，也许即将发生以 3D 打印为代表的工作方式数字化，和以"工业 4.0（第四次工业革命）"为代表的说明书的数字化进程。与第四次工业革命相关的话题，我们在上一节制造业的服务化进程中已经论述过，在这里，我们将针对数字制造的未来展开思考。

从 20 世纪 80 年代起，在数字控制的生产装置领域内，所谓的自动加工技术就从利用数字制图软件 CAD（利用电脑进行设计）和 CAE（利用电脑进行工程设计）来设计图像，逐渐发展到 CNC（计算机数字控制机床）阶段。进入 20 世纪 90 年代，产业内部又引进了以光造型系统为主体的快速成型（Rapid Prototyping）技术。只要具备了三维图像画面，就能像打印一样按照画面上的形状生成实体。这种技术基本都应用于量产商品的提前试做，或是制作设计实物的模型，因此它在缩短开发工程时间上可谓是功不可没。当初，这种设备的价格高达几千万日元，而现在，它的价格已经急剧下跌，名称也变成了 3D 打印。

目前，市面上已经出现了仅需 10 万日元的 3D 打印机。它不仅可以在中小企业中发挥威力，也能让个人在桌面上就完成生产。美国在这一领域早已走在前列，从丰富可供下载的首饰类 3D 数据开始，美国已经逐步建立起了一种借助 3D 打印机就能完成的小批量商品网络销售经济。

美国有一家名为 TechShop 的会员制 DIY 创客空间，由于得到政府的支持，它很快就发展起来。在这里，初级阶段的学员可以学到镭射打标机和 3D 打印机的使用方法。等到了高级阶段，学员可以接触到数控车床等复杂设备，学到更多的技能知识。

2014 年，"DMM.make AKIBA" 和 "TechShop Tokyo" 两家创客工坊进入日本。虽然这里面采用的是新型的数字技术，但是这种 DIY 工坊的形式与日本文化非常契合。如果这种类型的尝试越来越多，那么通过与日本的匠人文化逐渐融合，或许将会产生一种独立的进化模式。在这种模式中，有名的师傅门下将会聚集很多弟子，它就像练武场里存在的组织结构一样，不同门派互相竞争、互相切磋技能。

我们假定，以个人和小型工厂为单位，面向特定产品的装饰品可以进行自由设计、立体造型。如果有人想要自创一款智能手机壳，那么首先他最需要的就是手机的外观数据。如果想通过 Snap-fit 结构设计法使手机和手机壳完全匹配，就必须确定二者的外观尺寸是否相同。

近年来，市场非常希望智能手机生产商能够公开手机的外观数据，以便一部分用户可以使用标准的 3D 打印技术来制作自己的手机壳。在新产品的发售期，为了让感兴趣的用户能够更好地体验新产品，公司也有必要公开这部分基础数据。充分考虑到让顾客对产品进行改造的这种"扩张性",也逐渐成为公司决胜市场的关键因素。

通过诱发用户的二次创作来打造一个良好的商业生态系统,将对公司的生意拓展大有益处。实际上,在软件市场中,这样的例子已有很多。今后,这种经济模式或许也会逐渐出现在制造业领域。

如此,数字工坊的出现促进了扩张性设计和商业生态系统概念的传播。除了为用户提供打磨完成的最终成品,还要向市场提供数据版本和基本模数。今后,市场将变得更加多样,并出现一种让用户来完成的开放结构。在软件市场中,这已经是习以为常的事情。今后这种模式也将慢慢进入现实世界中。

小结

本节我们对在现实空间中不断扩大的数字化、智能化趋势展开了探讨,并思考了它产生的背景和从中诞生的商机。

现实空间对于计算机而言正逐渐演化成一种可视化空间,因此这里将会产生新型的数字商圈。尽管我们并不知道这股潮流最终将流向何方,但是它将以连接大脑和都市的最终形态为目标继续前进。

增强现实技术正在用标签填满周边世界

伴随着传感器和识别算法的发展,虚拟世界和现实世界的坐标重合已经不再是科幻。这是一项技术突破,正是由于它的出现,在我们周遭的世界和私人领域中,都能发现给空间贴上标签的 AR 技术商业化现象。虽然 AR 技术的主要应用对象是视觉信息,但是它也在听觉、射频识别等领域中,通过与近距离无线通讯技术的合作,取得了重大进展。只要树立起虚拟的电子展板,就能产生新的商圈,这正是 AR 技术发展的原动力。

智能社区也是增强现实的一部分

除了主要的私人领域之外,AR 技术的对象还包括一片更广阔的领域,在那里,AR 技术把个人和群众当作是一枚粒子。因此,可以说整个世界都在朝着智能化发展。街头治安、防灾和物资管理的整合等行政需求与动线诱导等民间需求合二为一。最终，作为一种基础信息公共事业，AR 技术将会实现所有信息的发送服务。

人类的数字智能化——终极目标是直接连接大脑

人的大脑是最具价值的信息来源。脑活动本是人类的自然行为，但是逐渐发达的云网络不断尝试与大脑建立直接联系，这也可以看作是一种趋势。为了获取具有价值的生命体信息，传感器类产品正不断向可穿戴式发展，从而步步紧逼人类的身心。

从高附加值空间拓展开来的 IoT（物联网）化

空间的电装化作业，开始于最有价值的办公室空间和个人空间。其次，它将逐步扩展到第二产业的工厂，和第一产业的农林水产业现场。

数字制造促进了结构开放

制造工程的数字化有助于降低该产业的壁垒。从结果来看，就像软件产业中的消费者自主媒体（CGM）和二次创作那样。作为一种商业模式，以核心产品为中心的商业生态系统创作工程，将会逐渐提高自己的市场竞争力。

第八大趋势

工作方式变革：按需上岗时代

正如前文所述，从占有到使用的大趋势并不仅仅停留在单纯的物品借贷层面，它甚至已经开始影响到所谓商业进程的更大单位。从合理性的角度来看，物品的租赁与共享，和人才与业务流程外包（BPO）其实是相通的。在日渐严峻的全球化竞争环境中，日本社会终于开始醒悟：执着于保有自己公司大厦的优势，坚持自己生产、自己开发，已经不再是一种合理的商业流程。

这种思考方式同样适用于斟酌员工与公司的关系。如果继续坚持公司里按资排辈、到退休年龄就能享有优待的企业管理方式，它的弊端将会越来越明显。日本人也终于注意到，为了明哲保身就一直坚持的长时间劳动方式，最终只会剥夺社会整体的活力。

于是，日本政府也打出了"改革工作方式"的口号。从国家的全局角度来看，"如果不提高雇用的流动性，把人才导向国家的支柱产业，那么国家整体只会被时代抛弃。"可以说，日本政府正感到一种前所未有的危机感。

跨越国境的人、物、金钱、信息的流动性正在增强，而这种趋势的影响也波及国家管理、企业运营，甚至是夫妇和家庭的存在方式。本节中，我们将特别针对人与人、人与组织的关系变化，以及这种情况下价值观的变化展开思考。

首先，让我们围绕几个展示了人与家庭、人与企业交往方式的数字化来展开本节的内容。

近代是强调个性、不再从一而终的时代

对企业、组织的忠诚（持续减少的工龄）

图 26 是不同年龄层劳动者的工龄示意图。图中，每个年龄层以 5 岁为一个区间进行划分，三个簇状柱形分别为 1989 年、1999 年和 2009 年的

调查数值。如图所示，随着年龄的增高，工龄自然也呈上升趋势。但值得注意的是这三次调查的数值，也就是这 20 年来发生的变化。通过比较不同年龄层上面的箭头倾斜度，就会发现以 50—54 岁为界，箭头角度发生急剧变化。

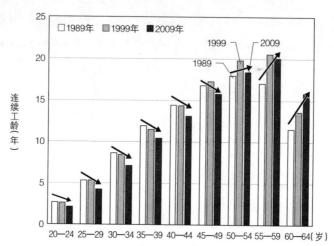

出处：厚生劳动省雇佣政策研究会"实现可持续的、充满活力的社会所需的经济、雇佣系统"

图 26　各年龄层的工龄变化

这意味着，与此前相比，50 岁以下的人在一家公司的工作时间变短，相反，55 岁以上的人在一家公司的工作时间却变长了。换句话说，我们从图中可以看出，年轻人在职场上频繁地跳槽，而最近的老年人则采取了维持现状的姿态。虽然终身雇佣制和按资排辈这种日本式的劳动管理曾经支撑了国家奇迹般的经济成长，但是如今这种职场氛围已经越来越稀薄了。

灭私奉公的劳动（逐渐减少的劳动时间）

接下来，我们再来看一看劳动时间的变化。长时间劳动虽然一直以来都被奉为日本工薪族的家训，但是其实欧美的劳动者过去也在坚持长时间劳动。1850 年左右，英国和美国劳动者的年平均劳动时间达到了 3000—3500 小时。这甚至比日本经济高度成长期最高峰时的 2500 小时还要多，还要严酷。伴随着人权意识的确立，劳动环境在卫生和安全方面都有所改善，劳动时间也开始缩短。从基督教的安息日发展而来的休息日，也终于逐渐发展成为劳动者的假期。

战后不久，欧美国家就开始采用双休日制度，在这一点上，日本比欧美国家晚了 30 年。20 世纪 80 年代，日美两国之间发生半导体贸易摩擦，由于受到外国"工作时间过长"的指责，日本企业不得不开始启用双休日制度。而公务员的双休日工作制则是到了 1992 年才真正开始。

如图 27 所示，尽管日本人的工作时间仍然比欧美发达国家的长，但是从 20 世纪 60 年代开始，日本人的年均工作时间基本减少了三成，约 700 个小时。如今，日本人的工作时间基本相当于 20 世纪 80 年代美国和德国的平均水平。所以，伴随着时代的发展，日本的劳动者被束缚在职场上的时间还是不断减少的。

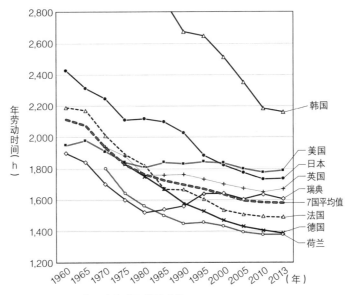

*7国＝美国、日本、英国、瑞典、法国、德国、荷兰
出处：厚生劳动省"每月勤劳统计调查"、独立行政法人劳动政策研究、研修机构

图 27　各国年均劳动时间的变化

白头偕老的婚姻生活（不断增长的离婚率）

以上我们从劳动时间和工龄的数字变化上观察了企业与个人的关系变化，其实，人们的家庭环境也在不断发生变化。结婚率不断下降，而离婚率却持续上升，正是目前在全球普遍出现的现象。

图 28 的纵轴显示了"离婚率 ÷ 结婚率"的数据变化。简单来说，如果这个数值是 0.5，就意味着在结婚的夫妇中，有一半人都已离婚。

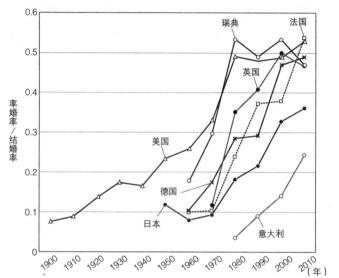

出处：作者根据厚生劳动省"人口动态统计（2105）"、eurostat *Marriage and divorce statistics*、SDC *National Center for Health Statistics* 做成

图 28　各国离婚率与结婚率的变化

以日本的情况为例，从 20 世纪 70 年代至 2010 年的 40 年间，日本人的结婚率降低了一半，而离婚率则增长了 2 倍。因此，这段期间的"离婚率 / 结婚率"的结果就增长到了此前的 4 倍。欧洲 28 个国家的平均值变化基本也遵循了这个规律。尽管各个国家的绝对值并不相同，但是从图中可见，大家都是沿着同一个方向在发展，即"离婚率 / 结婚率"的比值越来越高。

尽管是在同一个欧美国家的范围内，但美英和北欧的情况就与南欧大不相同。南欧国家受到天主教在教义上的制约，因此离婚是非常困难的。所以，目前南欧国家比较流行的是"事实婚姻制度"。法国目前已在法律上承认了这种婚姻制度。与过往的情况不同，现在，人们一旦得到事实婚姻的认证，便也能在法律上获得一定的权利保障。

这不仅仅是在"工作与家庭"范畴中的优先顺序发生了变化，它也意味着在家庭内部"家族与个人"的关系中，自我越来越受到人们的重视。或者，这就是所谓的近代化。

这一连串的现象，其实都有同一个起因。那就是伴随着个人主义的流行，人们与某家特定的企业或家庭、伙伴的"白头偕老"观念已经越来越模糊。自己的人生、自己的专职这种个人意识，已经凌驾于过去那种要为公司和家族献身的观念之上。

自由职业者时代来临

由于企业和社会的生命周期循环不断加速，人们对组织的忠诚度也越来越低。不仅如此，企业本身的寿命也在持续缩短，比起日本的平均工龄（2013 年男性的平均工龄为 13.3 年），人们甚至不得不为企业的短命而担心。根据日本内阁政府发布的 2013 年的年度财政报告，20 世纪 90 年代，有 50% 的企业寿命能够达到 30 年。至 21 世纪初，这个数字则缩短到 20 年。

在如今的社会中，自己的处世哲学必须由自己进行思考，人们必须依靠个人责任感才能生存下去。由于人们开始把自己的能力看作是一种应该由社会共享的机能，大家都以响应需求的方式不断寻找着新市场需求。可以说，自由工作者的工作方式已经成为一种世界潮流。由于网络环境的发达，人们再也不会被束缚于某一固定场所，这种变化趋势也为自由化、私营化的工作方式打下了基础。

根据美国劳工统计局的数据，2005 年，美国的自由工作者（Independent Constractors）约有 1030 万人（占劳动者总数的 7.4%），到了 2012 年，这个数字则上升到 1490 万人。美国福布斯杂志 *Freelancing in America:2016*《美国的自由职业者：2016》的调查结果显示，到 2020 年，全美将有 50%

的劳动人口会变成自由职业者。

尽管这种美国式、冷冰冰的就业形式与其他国家传统的就业观不太相符，但是其中也有部分内容或许正预示着未来的职场模式。未来，或许也将有更多人会选择自由职业者的工作方式。事实上，在自由职业化趋势表现更为明显的 IT 行业和创作行业中，两种工作方式的年收入情况正在形成翻转。"杠杆中介（Leverages）"的工作内容就是在接受企业的任务开发委托后，再把工作介绍给已在平台登录的自由职业者。而根据中介企业发布的数据，登录平台的自由工程师和创作者的平均年收入已经达到了 748 万日元，这个数字比该行业中正式员工的平均年收入高出近 50%。

把支援自由职业社会的结构变成生意

在情况愈加复杂的知识社会中，每个劳动者的专业性正是他赚取工资的价值体现。但是，随着专业领域的细化，针对某一特定企业的需求，劳动者能否确保自己的劳动效率成为一个未知数。因此，如果社会整体不能通畅无阻地把工作效率提升到拥有特殊技能的专家水平，那么这个社会整体的竞争力将下降。当我们和美国那种持有开放工作系统的企业进行竞争时，如果仅靠着封闭环境中的优势——员工对企业的忠诚度，是无法获胜的。

不过，自由职业者也有很多需要担心的事情。比如，

1. 如何保证工作量；

2. 如何确保自己在被雇用时的传统权利；

3. 繁杂的税务处理等工作；

4. 保险和退休金等沉重的负担；

5. 如何确保作为自我投资的教育资金。

一旦自由职业者对这些问题抱有强烈的不安，那么年轻人就会倾向于去寻找"可以依靠的大树"，这将导致社会整体活力的缺失。

除行政方面的工作以外，为了积极消除这种顾虑，企业方还必须不断提高自己在投资和制度管理工作中的水平。如果想从世界范围内招揽优秀

的劳动力，国家或许就需要在市政策略上多加考虑。

例如，以教育投资为例，现在的观点普遍认为，即便是对自由职业者，雇用方也应该为他负担一部分教育费用，以便使之能获得相应的工作能力。当我们想要打造一种开放结构时，并不能把所有的风险都推给个人。在平等的社会中，被雇用者的地位将越来越高。

开放 & 共享 : 由竞争走向共创

在第六大趋势细说中，我们已经对制造业的服务产业化趋势进行了说明。伴随着零件的商品化和模板化发展，分工水平越来越精细，设计、开发工作的对象已经从电机、机械等硬件，逐渐升级到企业经营中必备的价值链单位。特别是在半导体产业中，这种趋势更加明显。例如，苹果、高通和赛灵思等美国高科技企业就渐次选择了生产外包的道路，并以此建立了一种高收益的商业模式。

数字高科技产业的开放化

当高科技中的硬件产业还在准备告别制造业里只采用公司内部的资源、材料来进行生产的思想时，软件产业早已进化到开源时代。软件产业通过公开源代码的方式不断朝向平台化模式发展，这让人感觉好像任何人都可以参与其中似的。在这一领域中，美国苹果公司开发的 OS（操作系统）可以说是典型的旧式封闭型例子。从 Mac OS（麦金塔操作系统）到 1999 年发布的 Mac OS 9，苹果公司从未引进其他操作系统上关于用户界面的发明和努力成果。用英语来说，只采用公司内部的资源、材料来进行生产的思想，可以表示为 NIH（Not Invented Here，没有被邀请进来），苹果公司当时的举动就可以说是典型的 NIH 行为。从 2005 年左右开始，NIH 问题在美国受到了人们广泛关注。

在软件产业中，开放程序的极致代表可以说是"Linux 系统"。在网络内容（Digital Contents）领域，其典型例子则是"维基百科（Wikipedia）"。在软件产业中，通过远程作业很容易达成一种合作的大环境。因此，我们实际上已经进入了一个个人也能参与其中的产消者时代。

如此，在 IT 产业的硬件领域中，制造工程的外包趋势已经越来越明显。除此以外，编程领域中的开源和内容领域中的消费者制造型（CGM 和 UGC）模式也在同步进行中。由此可见，这样的发展模式已经变成了一种胜利的方程式。

软件行业的开放化

在技术参与壁垒最低的内容领域，允许消费者进入开发、制作现场的产消者模式进行得如火如荼。在漫画和轻小说领域，二次创作（英语叫作 Fan Fiction）作品也逐渐取得了合法权益。此前，二次创作的作品被社会认为会侵害原著的著作权，因此它总是受到人们的轻视。但如今，这种观念已经慢慢消失。今天，原创作品已经变成了大家模仿的对象。通过二次创作和对衍生作品和选集作品的编著工作，消费者在网络上建立起了一种固有的生态系统。于是，这样的行为反而受到很高的评价。随着产业开放化的加深，作者与消费者之间的距离越缩越短，两者之间的关系也倾向于朝扁平化发展。

1. 漫画、轻小说界的平面化

在二次创作的生态系统中，轻小说的发展是最容易让人理解的。大家可能听说过轻小说"凉宫春日的××"系列（著者：谷川流、KADOKAWA）。2003 年，××的部分被填入的是"忧郁"，这也是小说系列中的处女作。此后，慢慢又出现了"叹息"、"无趣"和"消失"等系列作品，甚至还有漫画版。"凉宫春日的××"系列小说受到世界上 15 个国家的欢迎，全球累积售出 1650 万册，可以说是一部人气大作了。此外，市面上还出现了由其他作者所写的模仿版《凉宫春日的忧郁》，以及把原书中的配角当作主角的衍生篇《长门有希的消失》，甚至还有人创作了模仿版漫画的衍生作品《古泉一树的阴谋》。以此为起点，很多消费者都在网络上发表了自己创作的作品，最终形成了网络上的一大生态系统。不可否认，其中有不少作品都拥有可作为商品进行销售的创作水准。

最能显示这一生态系统威力的例子就是《凉宫春日的微笑》，它是一部由读者在网络上进行连载的二次创作作品。截止到第 9 章"凉宫春日的分裂"为止，可以看出其创作者吃透了长久以来原著作者安排的伏笔、暗示和矛盾等要素。在此基础上，创作者高水平地完成了这篇对原著结局进行猜想的作品，并突然将它发布到了网络上。此前，原著者的"凉宫春日"系列作品一直保持着有条不紊的出版节奏，但就在完结篇发表之前，原著者突然停笔，直到4年之后，真正的完结篇"惊愕"才得以面世。这中间到底发生了什么，读者们不禁对此产生了各种各样的臆测。从来没有一部二次创作的作品能够受到读者们如此高的赞誉，而原著者最终创作出了品质更高的完结篇，也让书迷们大呼过瘾。通过二次创作，作者与读者双方的创作水平都得到了提升。所以，这也成为二次创作界的经典例子。

2. 娱乐产业的开放化

可以说，"AKB48"（成立于2005年）引领了日本近10年的音乐潮流，而它的前身则包括"迷你早安"（成立于2000年）和"早安少女组"（成立于1997年）等组合。这一系列少女偶像组合的出现，确立了日本娱乐产业中所谓"身边的偶像"——合唱组合这一新型娱乐形式。将高科技产业中的模式引入娱乐行业，形成明星商品化、频繁替换组合成员等模式，这种做法具有划时代的意义。

以迷你早安组合为例，经纪公司曾经选出组合中身高在150cm以下的成员专门组成一个临时的新组合。这样在团体表演时，公司就可以决定让哪些特定的组合上场，或者是与其他的团体进行成员交换。这种形式被公司称为"别样组合"或者是"派生组合"，是一种崭新的娱乐模式。通过这样的手法，娱乐产业中出现了一种新的商业结构，即从歌手个人的模式化发展和对其的管理中重新发现商业价值。

在AKB48的发展过程中，公司就引入了"总选举"的商业手法。这样，公司巧妙地将组合成员的替换是由粉丝的支持数量决定的——这一营销原理打造成一种可视化过程。从这一点来讲，在经纪公司对AKB48的经营中，除开放化、扁平化的结构模式之外，也添加了一种透明化的营销手法。所以，AKB48的魅力之所以无人能敌，除了产品本身的性能十分优秀（歌曲表现力很高）以外，一系列高度成熟的商业模式也发挥了重要作用。2010

年，这种商业模式甚至获得了日本的优秀设计奖（Good Design）。可以看出，平台化的发展趋势已经对偶像的地位产生了影响。

3. 时尚产业的开放化

发源于19世纪末期的高级定制服装协会（Haute Couture），是一家专门为法国王室、贵族量身定做服装的纺织业工会组织。当时，时尚的传播和流通就是通过这种从上到下的方式，即从面向贵族的艺术作品到一般的服装。

从二战后的20世纪60年代开始，高级定制服装的代表品牌查尔斯·弗雷德里克·沃斯（Charles Frederick Worth）和保罗·波烈（Paul Poiret）业绩开始出现下滑。而伴随着战后的经济复兴，面向中产阶级富裕阶层的高级成衣产业开始抬头，其代表品牌就有香奈儿和克里斯汀·迪奥。在有关香奈儿的传说中，其重点就在于虽然可可·香奈儿出身贫困，但是她之所以能够成为被世人尊崇的"大神"，全靠其与生俱来的才能和自己的努力。

这样，支撑着高级品牌不断延续的故事就从王室、贵族开始转移到中产阶级身上。长久以来，日本市场都通过大量的消费支撑着高级成衣品牌的发展，但是今后其主要消费地点将向新兴国家转移。在那里，一股新的势力正在崛起——快时尚产业。

这种时尚产业的快速化发展倾向，与在高科技产业中正在兴起的商品化现象存在很多类似的地方。快消费文化的三大特点是价格低、生命周期短、在世界市场中实现大量生产，而这种文化已经从外卖产业开始传播到了服装行业。

始于王室、贵族的时尚信号源，经过中产阶级之手，目前已来到一般的庶民阶层。在这里，它逐渐衍生出一种街头时尚。我们在街头和网络中能够看到各种丰富多彩的设计和理念，而产自中国的低价商品（首饰、鞋和夹克等）也能轻易得到。于是，最近人们开始注意到，源自用户群体中的丰富时尚想法（搭配），也是一种价值。

在街头时尚产业非常发达的日本，被推举为读者模特的产消者能够从消费者的角度提出逆向的设计方案。因此，曾经令人憧憬的模特产业开始

"下野"，商店里却开始出现王牌店员的"发迹"。在街头时尚的现场，通过推翻传统的等级制度，才能诞生新的动力。

硬件产业的平台化

1. 硬件的黑客马拉松（Hackathon）

在软件产业和依靠设计创造大部分价值的时尚产业中，由于它们的商品都属于轻量化的硬件，个人的才能更容易直接进入企业的企划过程。因此，作为一种能够聚集大量才能的结构——"黑客马拉松"受到人们越来越多的关注。它有点像面向公众的头脑风暴或是集中型的训练营。在软件编程领域，这种开放式的合作开发手法已经取得了扎实的成果。如今，硬件领域也开始尝试这种合作方式。

如果要说目前日本所进行的尝试，那就是奥林巴斯公司为了寻求照相机的全新形态而发起的 OPC Hack & Make Project（开放平台相机，黑客&制作计划）活动。通过把数字照相机和智能手机的功能相结合，在这项工程里出现了眼镜和手表等多种可穿戴产品，同时也为公司提供了各种各样的创新理念。为了吸引人们的注意，奥林巴斯打出了"欢迎黑客"的口号。通过开放本公司的技术，奥林巴斯希望这款相机的操作平台能够让开发者、创造者和用户一同来开拓全新的照片体验。

2. 汽车产业中早晚也会出现开放式平台

日本京都的风险投资公司 GLM 已经构建一种汽车行业的开放平台型经济模式。Tommykaira ZZ 是 GLM 公司开发、销售的一款纯电动跑车。目前，公司为这款跑车设计的底盘和驱动系统等汽车行驶所必备的零件已经实现了标准化生产。而公司正把这样的标准化当作一个销售平台，为外部企业供应汽车零件。这样一来，想做汽车销售生意的企业就能对车身的改装和零件等产品进行定制。汽车行业此前一直采用的是垂直统合、下级听从上级的生产模式，但是随着结构上十分简单的电动汽车的日益普及，GLM 公司所期待的"谁都可以参与制作"的时代终将来临。与此同时，以 3D 打印技术为代表的、自我完成度较高的生产技术的普及，也加速了这个趋势的到来。

目前，在三轮超小型电动汽车 i-ROAD 的内装镶板和品牌标志等方面，丰田汽车正在尝试与提供 3D 打印技术咨询服务的 "Kabuku" 公司和日本最大型的人才外包公司 "Lancers" 合作，建立一种汽车用户能自由制作汽车零件的生产结构。

作为汽车的设计理念之一，平台化、模块化的思考方式正在逐渐成为业界的主流思想。德国大众汽车公司于 2012 年发表的 MQB 战略（发动机横向前置的模块化平台）就是其中的先驱。通过把配研工程放进标准化模块当中，模块之间就可以像拼装积木一样，随意互换。在电子工程学领域中，这种发展趋势已经受到极大欢迎。伴随着结构简单的电动汽车技术不断进化，今后，模块化趋势也将在汽车产业中加速前进。

在汽车产业中，也有一种在机制上与 MQB 完全不同的开放化生产事例。那就是五十铃汽车公司对于在中国市场上流通的仿制零件，没有采取制止杜绝的态度，而是选择了一种开放化的共生共存战略。1990 年左右，五十铃公司在中国市场几乎无法继续生存，据说当时市场上出现了大量的仿制品，有很多甚至公司自己都无法辨别。

在这种情况下，五十铃公司采取的对策是将这些仿制品按品质进行排名，对达到一定标准的部件，就当作质量认证品收入公司内部进行使用。对于使用这些零件组装起来的汽车，公司会适当跳过内部的品质管理规定进行调整，然后以 "发展中国家 QCD 汽车" 的名义将它们投放到发展中国家市场。这种没有完全取缔、而是根据实际情况进行收编的手法，从结果上来看，也属于开放构造具体化的实例之一。

管理人与产消者相遇的多种场所

由于开放环境的结构和手法已经比较成熟，并获得了世人的广泛认可，人们的价值观也开始发生了变化。

变化之一就是管理人的价值越来越高。在如今这个信息和零件都极大丰富的环境中，对它们精挑细选、重新编辑的品位，已经成为价值的定价依据。其中的典型例子就是 DJ（唱片骑师）的作业。他们的工作是把已经完成的乐谱和旋律等音源进行分解、再次编辑，或者是对声音进行电子加工，如此就产生了价值。这种作曲工程与传统作曲家所做的工作完全不一样。

产消者地位的提高也是一项比较明显的变化。我们已经逐渐意识到，自己既是某种产品的消费者，也是制造者中的一员，甚至可以亲身参与产品的企划环节。这种管理者和产消者越来越活跃的趋势，实际上也为我们展示了微型创业的发展方向。而大企业所扮演的角色，或许就是为拥有才能的人提供一个带有强烈扁平化色彩的活动场地。

未来，中小企业也将从传统的垂直统合型产业构造中解放出来，它们或许将活跃在众多平台的内部。通过聚集各种各样的创业者，形成一个基于平台之上的共创型生态系统。

在这样的系统中，像"媒人"那种、持有敏锐配对机能的人将显得越发重要，他将是企业提高收益的关键。在追求创造全新价值的生产过程中，最关键的环节就是保证拥有多种价值观和背景的创业者能够相遇，并且他们还能保持一致的创业目的与志向。今后，为了追求这种优质的相遇机会，或许平台创造者会为了吸引企业的加入而展开竞争。

从资助人的经济余力到民众智慧的剩余

技术、艺术、运动、时尚，这些东西在近代以前都是王室、贵族的"休闲项目"的产物，也是他们奢侈的爱好世界的成果。虽然庇护者的王冠从王室、贵族的手中传到了企业、资本家的手上，但是只有把优秀的创作者和科学家都聚集在公司内部的研究所或企划工作室，才能独占这些成果。而这也是竞争力产生的源泉。换句话说，在这样的机制下，经济上享有余力的人同时创造了信息的非对称性，这样他们才能在竞争中占据优势。

但是，在开放的大环境中，人、物、金钱和信息的流动都变得更加容易。如果能够按需调配经济发展中的必要资源，那么通过共享来提高资源运转率的人才能在生产中占据优势，这个原理目前已在市场中占据支配地位。

这种东西如果在生产资料的层面来讲就叫"运转率"，在库存的层面来讲就叫"回转率"，从资金角度来讲它叫"流动性"，而从人的角度来讲，那是"知识管理"或"知识共享"。但从本质上来说，它们其实都是一样的。换句话说，就是把自己拥有的资源毫无损耗地完全用尽。

如果要追溯创新的源泉，那么可以回到王室、贵族的"财富余力"上去。但是在如今这个时代，创新的重点已经转移到如何高效率地管理个人所掌握的"知识剩余"的工作上去了。

因此，只有个人的工作方式变成在系统内外来回移动的自由职业者，才能更好地适应时代发展的要求。未来，企业的寿命或将缩短到只能以旬为单位进行计算，而企业的发展模式或许也将呈现出在成立和解散之间循环往复的局面。

小结

伴随着近代化和世俗化的发展，"个人"的意向已经变得越来越强大。与此同时，网络环境还发展出一种"个人"与世界直接发生联系的情况。从结果来看，传统的人类归属集团（国家、企业，甚至是家庭）都慢慢失去自己的向心力。开放化趋势为形形色色的人和企业提供了交汇的场所。在类似企业活动这种目的明确的场合中，通过按需调配从业人员以提高效率的同时，多样性的人才也将加速企业的创新进程，其结果，就是企业市场竞争力的进一步提升。

开放的外包系统

目前，软件领域中的开放源代码趋势已经越来越明显，而在硬件领域，半导体和信息处理器产业的模块化和水平分工趋势也发展迅猛。这种发展势头正在向其他制造业扩展。现在，就连汽车领域也不免受到它的影响。系统一旦变得更加复杂，人们对它的专业性就会提出更高要求。从资源的运转效率上来看，优势明显的开放系统将占据优势。

消费者生成型的平台系统

从同人杂志领域诞生的消费者生成媒体的概念，如今正随着网络环境的充实，在软件领域中全面开花。今后，由于像 3D 打印技术这种通用性高的生产设备将会普及到各个领域，硬件领域的技术参入壁垒就会降低。由此，将促进多种类型的参与者纷纷加入制造业的企划工作中去。除了上述资源运转率的视点，作为一种获得创造性的手段，消费者生成型的事业形态将会进一步占据优势地位。

第九大趋势

人类"超人化": 健康长寿

至此，我们已经探讨了八个与社会行为、人与人之间的关系有关的时代趋势。在最后的第九大趋势细说中，我们将对发生在人类肉体和精神上的技术革新以及其所带来的变化进行思考。人类最根本的欲望，就是对健康长寿和强大能力的渴求。为了实现这两大愿望，我们已经把科学技术发展到了极致。

逼近人类身心的三套系统技术群

在这里即将登场的技术，可以大致分为机械电子技术、信息技术和生物技术三大类。机械工程技术常被用来辅助或代替人类的动作、肌肉的工作。今天，简洁的机械设备已经和电子技术密不可分，二者的结合最终演变成电子工程学技术。动力服和机器人就是其中的代表。信息工程学技术能够补充或强化知觉类的工作和脑神经的机能，并帮助人类完成传递信息的交流任务。这些机器人或计算机技术，不仅帮助我们提高了工作效率，如果让它专注于某种功能，我们甚至可以让其发挥出远远超越人类能力的超人神力。比如，引擎的马力、传感器的灵敏度，还有计算机的运算能力，都属于这类技术的应用。

最后登场的是一项全新的技术——生物技术。现在，人类通过它，已经可以人工改变基因的排序，或是对像 iPS 细胞那样细胞等级的生命体进行操作。所谓再生医疗这种崭新的医学，为我们展示了让生物像机器人那样，以内脏器官为单位进行交换的可能性。健康长寿、美容和防止脑机能老化等人类长久以来追求的梦想，已经不再是天方夜谭。目前，这种生物技术已经在植物和家畜类生物上得到了应用。此外，为了实现粮食增产和医药制造等目的，人类也正利用基因技术来推进微生物和谷物的升级改造工程。

总结一下就会发现，如图 29 所示的三大系统技术，正凭借着各自拥有的多种技能向人类的身心步步逼近。在针对老年人和行动不便人群的应用方面，它们将会辅助、完善对象的生活能力；在危险作业和军事应用中，它们将大幅提高人类的作业能力。

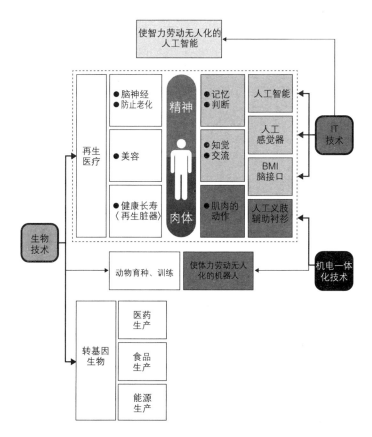

图 29 逼近人类身心的三大系统技术

把人类"机器人化"的技术群

在第七大趋势细说中我们已经提过，为了开拓数字商圈，凭借电子工程学的技术，人类的电装化作业已经取得了很大进展。作为一种市场的信息来源，动作标签和行动记录独具魅力。只要把设备贴在身体上，就能预测健康情况。这不仅对当事者而言十分方便，对雇佣方和保险公司来说，健康管理信息也非常重要。

　　如此，作为一种产生价值的信息来源，我们已经关注过人类的身体领域。但是在本节中，我们将单纯地以人类为中心展开思考。首先，就让我们来看看机械电子学和 IT 技术是如何完善人类的能力或提高人体机能的。

　　肌肉机能的完善与提高

　　从辛苦的工作中解放出来，自古就是人类发明工具的目的。从对动物的品种改良和调教开始，人类取得的动力逐步从马车变成蒸汽机，从内燃机变成电动机。越是后面的机器，它的体积越小，于是逐渐就出现了汽车、电动车和电动平衡车等越来越轻便的设备。白色家电代替了人们进行家事劳动，产业用机器人和建机、重机设备则把人们从辛苦和危险的劳动中解放出来。从家电到机器人，具备各种功能的机器在速度和能量上远远超出了人类的水平，发挥了重要的作用。

　　今天，机械电子技术正在朝着两大方向继续发展，一是像阿童木那样能够自律行动的机器人，二是像高达那样可操纵（或乘坐或穿着）的动力服。前者的发展目标是代替人工或无人化，后者则旨在提高人类的能力。

　　在医疗器械和辅助用具的范畴内，这类机械产品能够帮助身体机能缺失或低下的人群恢复到正常的机能水平。辅助用具的设计思想，也正是"最大限度发挥当事人的剩余能力，辅助、补全缺失的机能"。在帮助人体进行移动的工具方面，目前已经出现了只要转动手腕就能操作的轮椅。如果在坡道比较陡的情况下，它能像电动自行车那样辅助我们行动。而对于无法移动手腕的人来说，还可以通过操纵杆来控制轮椅的电动行走模式。借助高科技的进步，电动轮椅不断升级，如今，人类已经成功开发了动力服。其中，日本机器人公司 Cyberdyne 研发的"HAL"就是一款先进的动力服装备。HAL 的最大特色就在于它的操作界面。在人体的肌肉发出动作之前，动力服就能感知到出现在皮肤表面的生物电位，从而开始动作。此后，随着技术的进步，又出现了一种 BMI（脑机接口）型动力服，它能够直接读取用户的大脑信号，并将其自动翻译成指令后发出动作。仅仅在大脑中浮现出想要进行的动作，可穿戴式的外骨骼动力服就能按照人类所想进行动作。那么，如果让脊髓受过损伤的人穿上这套设备，他就能够自由地行走。像这类通过大脑信号来进行控制的技术，今后也很有可能应用在对电脑和家电产品进行远程操作方面。

与此类似，日本的投资公司 H2L 也开发过一款名为"Possessed Hand（可控之手）"的设备。电脑只需对绑在手腕上的手环发出电子信号，它就能像低周波治疗仪那样对信号进行处理。如此，用户的 5 个手指就能灵活弯曲，以便完成指定动作。据说，这款产品操作非常简单，即便是初次使用的人也不需要参考使用说明书，而它更是能够帮助初学者立即完成乐器的演奏活动。笔者相信，这类人机互动界面将在未来取得更大的发展。

为了满足社会福祉的需求，近年来，日本逐渐展开对这类技术和产品的探索。但是从全球范围来看，在很多情况下，它常常会被应用于一些比较残酷的场合。例如，当人们用它来进行搬举作业时，还算是一种专业用途；但是，如果作业的对象是兵器和弹药，那么它将被应用在残酷的战争当中。在美国特种作战司令部（USSOCOM）发出的统合特殊作战指令下，美国对"TALOS"（Tactical Light Operator Suit）——经过防弹加工的袭击用轻型战术作战服的开发就不断取得新的进展。

近年来，辅助器械的功能不断刷新着人们对它的认知。因此有人不禁开始担心，使用器械的人会不会创造比健康人群更优秀的行动记录。与此相反，也有一部分人恰恰正在追求这种效果。比如，2016 年，瑞士就举办了世界第一届"Cybathlon"半机械人运动会，其目的就在于向不断提升的人类能力发出挑战。其实，日本 NHK 电视台也举办过大学生机器人大赛。而在瑞士举行的这场运动会，可以说是电动义肢、电动轮椅版本的机器人大赛了。未来，这类顶级运动员的竞赛活动，或许也将成为科学家检验和发展其技术的实验活动。

感觉器官、脑机能的完善与提高

伴随着技术的进步，科学家已经可以把在大脑和神经系统中传输的生命信号翻译成数字信号，类似上文中提到的"可控之手"的技术目前已经实现。事实上，把感觉器官直接和人类神经联结在一起的技术已经在医疗领域得到了应用。其中，最常见的例子就是面向重度失聪人群开发的人工耳蜗。它的工作原理是：通过电磁感应的方式，麦克风能把在外界收集到的声音信号传给通过手术埋在内耳的电极，听觉神经受到电流刺激，就会把信号传给大脑。虽然人工耳蜗的使用还需要手术后的训练过程，但是只要慢慢习惯，失聪人群就能听到外界的声音。据说，这种技术结构同样可以使用在负责掌控平衡感的前庭器官（三个半规管）上。它的工作原理是：通过超小型的陀螺仪传感器来检测头部的活动，之后用电流对前庭神经进行刺激，这样病人就可以找回自己失去的平衡感。

这种技术与数字信号的配合非常好，因此它不仅在听觉领域受到人们的重视，现在，科学家也在探讨它在视觉领域应用的可能性。美国食品药品监督管理局（FDA）就在 2013 年对美国 Second Sight Medical Products 公司研发的人工视网膜"阿格斯系统（Argus）II"进行了认证，认为这款产品适合因视网膜色素变性而丧失视力的患者使用。这款装置的工作原理是：患者佩戴的太阳镜上安装有摄像头，通过将摄像头拍摄到的影像用无线技术传给埋在眼球内的电极，呈阵列排布的电极就会刺激视网膜，这样信息就会传递给大脑。只要患者接受过如何解释视网膜刺激的训练，就能在一定程度上恢复视觉。

在这类人工视网膜和人工耳蜗的操作系统中，如果我们能够提高摄取声音和光源的外部装置（摄像头和麦克风）的性能，那么从理论上来讲，我们就能获得超越人类界限的视听能力。也就是说，也许有一天，人类可以像蛇一样在黑暗的地方看见红外图像，或者像蝙蝠一样听见超声波。

脑机接口技术

近年来，BMI（Brain-machine interface）的技术水平也得到显著提升。2008 年，来自日本 ATR 脑信息研究所 / 神经信息科学研究室的神谷之康团队，发布了一项与读取知觉影像技术相关的研究结果，这项结果对学界产生了冲击性的影响。在试验中，科学家们一边让志愿者观看文字信息，一边用 fMRI（核磁共振成像）装置来观察他们的大脑活动。之后，通过对得到的信息进行翻译，科学家们还原了志愿者大脑所识别的文字。

2011 年，美国加利福尼亚大学伯克利分校的西本伸志团队，在对同样的装置进行改良的基础上，成功再现了这项实验成果。不仅如此，团队还公布实验结果称，给志愿者播放的动画图像也成功得到还原，这一结果再次令学界感到震惊。

两年后的 2013 年，日本 ATR 团队发表声明称，他们已经找到了"梦的可视化"道路。日新月异的脑机接口技术正在追求一个更为广阔的应用空间。在实际应用被科学家开发出来之前，作为基础的技术和相关实验现象如"露天开矿"一样源源不断地产生，这正是技术处于萌芽阶段的特征。

这类 BMI 技术的应用范围十分广泛。首先，从人与机器的接点角度来说，它可以帮助人类不经过手、足的命令输入，只通过思想来完成对机器的控制。其次，在与人的交流过程中，我们也可以省略声音和键盘的输入，仅靠心灵感应式的方法就能实现人们的意志互通。第三，也就是我们在第六大趋势细说中提到的神经元市场领域。只要与大脑相连接，我们就可以直接读取到别人"〇〇的心情"。

其实，像这类读取知觉信息的技术，也可以转而应用在 AR 和 VR，即利用大脑的错觉而发展起来的娱乐市场。只不过，这里面也包含可能使大脑受到黑客侵害的风险。在大脑与社会关系越来越紧密的环境中，技术安全的重要性将再次引起人们的重视。

生物科技的登场

以上这种不断逼近人类身心的高科技机械装备，其应用场所基本被限制于和肌肉、信息相关的领域。对于人体的大部分内脏器官来讲，只有人工心肺和人工透析这一小部分是机械工程技术能够大展身手的舞台。而对于其他消化器官、代谢器官和内分泌器官来讲，它们都是一个庞大的化学工厂，工厂里面有各自复杂的化学反应。因此仅靠机械电子技术本身，并不能很好地解决这里的问题。

但是，进入 21 世纪以后，出现了一条全新的道路。那就是生物科技。通过生物技术，科学家能够回到基因层面来洞察生物的产生原理。如果生

185

物出现健康问题，还能利用生物技术来帮助其实现自我修复。就像计算机程序在修复系统错误时会打上补丁一样，生物技术就是一种能够修复人体设计图的技术。在基因治疗中，科学家会把治疗用的基因信息编入人工病毒中，通过让患者体内的异常 DNA 感染这种病毒，就能治好疾病。从原理上来说，这很好理解，但是至今为止，科学家们仍在为怎样提高基因导入的效率而愁眉不展。

而有可能打破这种僵局的创新技术，就是所谓的万能细胞。2012 年，日本的山中伸弥教授就因 iPS 细胞（诱导性多功能干细胞）的发现获得诺贝尔生理学或医学奖，这项发现给全世界都带来了不小的冲击。山中伸弥教授的论文发表于 2006 年。在科学家完全解读了人类的基因排列后仅仅三年的时间内，山中教授就发现了万能细胞，也就是能够与人工内脏和人类重生联系在一起的基本硬件模块。如果使用了这项技术，无论是什么细胞，人类都能让它"初期化"——恢复到类似它还在受精卵中的状态。通过分化诱导初期化的细胞，就能人工再生其本人的各种内脏器官。这样，我们再也不用依靠器官移植来挽救生命，并且由于生成的是病人本人的内脏，也不用担心手术会出现排斥反应。

如今，距离这篇论文发表已过去了 10 年，虽然我们的技术还没有发展到能够制造立体内脏器官的程度，但是像再生视网膜和再生心肌膜这种平面构造的再生器官，已经到了马上就可以投入临床使用的阶段。2014 年9 月，世界第一例视网膜移植临床手术获得成功；2017 年，再生心肌膜也进入临床使用阶段。

虽然不能让人类长生不老，但是再生医疗带来的冲击是无法估量的。在 10 年内，科学家就通过这项技术让人的视网膜获得了重生。今后，再生医疗的用途将逐渐扩展到血管、角膜、软骨和白细胞等更为广泛的领域。

另外，人类还期待万能细胞能够应用在新药的研发领域。如果能用来自患者身上发生变异的 iPS 细胞（生病部分的细胞）在体外制作病理组织，那么我们就能够在新药开发的初期阶段，利用它来进行副作用检查或新药药效的检测。如果我们能够轻松获得大量的人体细胞，那么在细胞机能实验中最为关键的速度和精度因素都将得到质的飞跃。在临床应用前的药效确认和副作用检查作业中，如果能够实现稳定的肝脏、心脏等人体细胞的供应，那么它所带来的好处将无法估量。同时，我们也能相应地减少动物实验等工程作业。

生物科技的其他用途：动植物的品种改良

从安全性和伦理的角度来看，比起直接应用在人类身上，生物技术首先应该在障碍相对较少的动植物领域进行开发。目前，包括基因技术在内，在针对动植物的品种改良工程中，人类的探索活动主要是出于以下四种目的：

1. 粮食增产：产量较高的谷物和家畜、适应性强的品种、鱼类和昆虫的完全人工化饲养。

2. 开发医疗／功能性食材：改善味道、开发与美容和健康相关的营养品或具有药效的食品、开发抗过敏品种。

3. 作为能源和工业资源的生物利用：木材、谷物、含有海藻成分的生物质、处理生活排水用的发酵甲烷、生物塑料。

4. 作为生物体的机能利用：微生物传感器、把猪作为一种脏器生成媒体展开利用。

在生物利用技术领域，交配、育种和发酵食品等传统的生物技术已经在世界范围内得到广泛利用。这些技术逐渐融入我们的生活，成为一种世代相传的本地文化。

现在的细胞组织培养和基因重组等新技术，想要获得全人类的认可尚需一段时间。不过它也将和过去的所有技术一样，最终彻底融入我们的生活。当听到把在猪身上培养的人类肝脏再移植到人体内的"异种移植"技术，或是能够分泌人体母乳成分的乳牛等"嵌合体动物"技术时，可能大多数人都会觉得有点恶心，甚至是恐怖。但是，这只是能否习惯的问题罢了。只要人们能够认识到这类技术的价值，总有一天它们将彻底进入我们的生活。

不可否认，种植转基因作物（GM 作物）是解决粮食不足问题的重要对策。GM 作物的栽培国家与栽培面积正在逐年增加。截至 2014 年，世界大豆种植面积中有 82%、玉米种植面积中有 30%、棉花种植面积中有 68% 都已经实现转基因栽培。走在转基因技术最前端的美国，这三种作物的种植面积中有九成都是转基因。由于转基因大豆对除草剂有耐药性，人们不仅节省了除草的工夫，还节约了农药。

目前日本有半数以上的食用大豆都依赖美国进口，由于消费者对转基因大豆的担忧，2001 年，日本更改了 JAS（日本农业标准）法，要求转基因大豆必须配有相应标识。2000 年 5 月，东京谷物商品交易所成立了世界上第一家非转基因大豆（non-GMO）市场。在针对世界三大谷物之一的大米染色体解析领域，日本走在世界的最前端。今后，或许日本将第一个打开转基因水稻研究世界的大门。

提起有关基因技术的话题，人们想到最多的就是和大豆、玉米等谷物相关的新闻。但事实上，基因技术的对象已经扩展到了更为广泛的生物领域。微生物中有 GMM（遗传重组微生物），植物中有 GMO（转基因植物）。要是说起动物，那就是转基因生物。不仅如此，基因技术的应用范围也十分广泛。比如，从医药品中衍生出来的功能性食品，它就具有更高的营养价值和低过敏性；从美容相关的机能材料到类似纤维和橡胶的结构材料中，也有它的身影；此外，生物燃料的发展也离不开基因技术。

以食品领域为例，基因技术的操作对象不仅包括植物，还有可食用的肉类、乳制品、鱼肉以及可食用的昆虫。通过基因技术的操作，我们可以提升这些食物的风味，或是对其健康成分进行改良。

另外，我们也可以在把生命体当作某种装置的领域中使用基因技术。比如，我们可以把微生物和昆虫当作一种传感器。有一种体长 1 毫米的线虫 "C·elegance"，它的嗅觉非常灵敏，这时我们就可以利用它来诊断癌症。日本九州大学大学院理学研究院生物科学部门的广津崇亮助教的研究团队，就公布说他们已经研发了一种技术，只需 1 滴尿液，通过 90 分钟的实验就能筛查 13 种癌症。此外，大家可能也听过有一种犬类能够通过呼吸探知癌症的存在与否。但是与犬类不同，线虫不会感到疲劳，也更容易再生。

自古以来，高等动物，或者说人类就使用马匹和牧羊犬来为自身服务。但是作为一种全新的利用方式，我们可以使用包括猪在内的动物来培育移植用的人类器官，这是基因技术在再生医疗方面的用途。

如此，在利用基因技术来进行品种改良方面，科学家已经向我们展示了多种多样的商机。下面，我们就总结一下目前正在开发中的基因操作动植物的利用案例。

挤奶动物（掺入人类血清蛋白的山羊奶等）、宠物（性格改良、死亡动物的无性繁殖）、海产的完全人工养殖（金枪鱼和鳗鱼）、用谷物饲料喂养鱼类、以正常速度的 2 倍生长的鲑鱼、谷物（耐旱性、耐高温性）、含有特定营养成分的食物（含有胡萝卜素的大米和剔除过敏成分的食材）、工业用原材料的转基因化（可用作天然橡胶的杜仲树和可用作纸浆的蒲公英等）、可食用微生物（眼虫等）、燃料（微细藻类的生物质、把生活排水用作富有营养的有机物）、昆虫（把昆虫当作干扰素等医药品的合成工厂，或当作能够吐丝的蚕等高性能材料的合成工厂，减少谷物害虫用的基因改良昆虫）等等。

小结

生命科学的发展与价值观的变化

不断进化的机械电子技术能够辅助或强化人体肌肉、感觉器官和脑神经的能力。在不适合使用机械电子技术的内脏器官领域，基因治疗和再生医疗的生物科技表现得十分活跃。这两种有机、无机的科学技术，一边融合，一边不断向人类逼近。今后，它们将从增加人类的健康寿命和提升人体能力两个方面为我们做出更大的贡献。

十年前看还是科幻的技术，如今已经一点一滴地开始向现实转化。但是我们在文章开头也说过，如果对技术抱有过高的期待，那么只能陷入失望的深渊。在了解这一点的基础上，我们就会发现，一系列的生命科学确实给人类社会带来了巨大的影响。

因此，我们的价值观和文化也在随之改变。据说，一旦脑间通信技术能够实现类似于心灵感应的交流行为，那么我们就可以通过大脑刺激程序来控制脑内快感与不快感的荷尔蒙平衡。从身体本身来说，也许通过内脏器官交换，我们的寿命将会大大延长。如果以上这些全部能够实现，那么交流方式和我们的人生观、伦理观都将发生剧烈变化。

除了单纯的延长寿命以外，人体机能的强化也将成为现实。如果人类的肌肉力量能够得到飞跃性提升，或是拥有了像夜视镜那样的超强视力，那么在伦理上或将引发激烈的讨论。但是，恐怕这种趋势是不可阻挡的。美国国防部高级计划研究局（DARPA）认为："为了维持美军世界最强军事部队的地位，利用生控体技术来强化士兵的肉体是无法避免的趋势，今后，我们仍将继续推进这方面的相关研究。"有些技术虽然引起人们极大的争议，但是美国仍然没有放弃对它们的研究。其中，就包括让精锐部队获得超级望远镜般的视力和像犬类一般灵敏的听觉和嗅觉技术，以及通过在脑内埋入芯片让士兵不会感到害怕的技术等。

世界各国的价值观和法律环境都各不相同。在代孕、器官移植、变性手术都合法的国家，医疗旅行这种商业模式将很快发展壮大。无论如何，只要经济上富余，人们就可以前往医疗特区购买与预算相符的寿命，或是提升自己的身体机能。

只要自己能够获得新生，那么人类就会对子孙繁衍不再抱有很高的兴趣。因此，少子老龄化的趋势也将加速前进。如果健康老人的比例能够得到提升，那么整个社会对未来的投资热情就会转淡。因为对于社会的成功者来说，维持现状才是最有利的。

从动植物到微生物，为了人类更加富足的生活，这个世界上存在的所有生物都在向基因层面的"最适宜程度"发展，然后被人类从中抽取价值。这项技术同样可以应用于人类自身的寿命延长和机能提升方面。我们总是期望着，自己能够获得超人般的超能力，寿命也能一直延长。虽然这些话听起来让人难以置信，但是从目前的技术水平来说，它的确不再是天方夜谭。

在 IT 领域中，我们经常能听到"人性化设计"这个词。它的意思是说，在信息处理系统的世界中，到处都是难以看懂的说明书，但是人类不应该勉强自己去配合这些自以为是的设计。换句话说，人性化设计意味着"不要以机械为中心，而应该从用户角度出发考虑问题"。但是，从今天所发生的一切来看，这已经不是以人为本的时代，而是以我，或者说以自我为中心的时代了。

费用问题是发展瓶颈

与此同时，贫富差距问题也越来越严峻。只有经济上有余力的人才能享受高度进化的医疗所带来的好处。如果这项技术能够更加成熟，那么通过量产，其成本应该会有所下降。图 30 显示了世界部分国家人均 GDP 与平均寿命的关系。如图所示，各国的富裕程度与寿命之间存在明确的相关性，因此，两条线的走势基本相同。从图中可以预见，如今的世界是金钱做主的世界。如果我们的年收入能够增加 10 倍，那么我们的寿命也许就能增加一轮回，也就是 12 年。

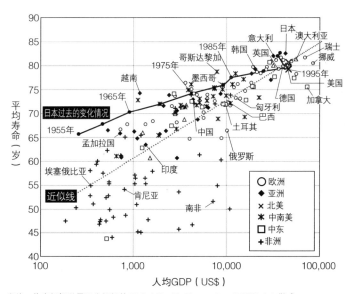

出处：作者根据世界卫生组织的 *Global Health Observatory (GHO) data* 做成

图 30　人均 GDP 与平均寿命的关系

如果把这张图中所示的两条线一直向右延伸到图以外的地方，也就是说假定有一群超高收入人群存在，那么他们的寿命又将延续多少年呢？

　　假设，年收入达到 1 亿日元的人可以活到 97 岁，那么年收入达到 100 亿日元的人就能活到 121 岁。依此类推，收入 1000 亿日元可以活到 133 岁，收入 1 兆日元可以活到 145 岁。如果到了这个级别，那这个人一定是在全世界都非常有名的超级富豪。话虽如此，但是理性一点来计算的话，如果一个人能拥有 1 兆日元，那么他将会享受到世界人均寿命两倍的人生。

终　章

在第 1 章中，通过整理 15000 条 20×× 年问题的新闻，我们得到了一个集合智慧型的未来预测结果。在第 2 章中，笔者则介绍了全球知名学者所撰写的未来预测名著。在读透了 100 余册相关图书和分析报告之后，笔者又将从中获得的启示进行了整理。经过梳理，最终得到的成果就是九大趋势。

从政治家到企业家，以及从事研究开发和商品企划的从业人员，对于这些需要对未来有个长期计划的人来说，他们必须对未来的社会机能持有一个大体的印象，因为这些机能不久之后就会成为人们追逐的目标。并且，这种社会机能并不是指出现在目前工作延长线上的"可能发生的事情"，而一定得是一种以从社会所追求的机能中沉淀下来的"渴望的价值"为基础的东西。本书中，笔者用九大趋势的模式，阐明了在思考这一问题时必备的，也是最重要的价值取向。

在最后一章中，笔者将通过"知识平面"的框架来思考这九大趋势之间的关系。在对全部大趋势进行整合的基础上，我们将从另一个角度来看待这一整体，并尝试得到一些新的启示。

利用知识平面俯瞰智慧的全身像

图 31 是以谷歌学术搜索（Google Scholar）为数据库，把主要学科的关系通过数值处理的方法进行展示的图谱。由于这张图把从工学、生物化学、医学、心理学、哲学到政治学、经济学等各种学问的距离，以最合适的形式放入到一张平面位置图中，它也可以说是一张展示了人们大脑形态的图。我们把它叫作"知识平面"。关于其中详细的运算法则，感兴趣的读者可以参考《创新政策的科学：SBIR 的评价与未来产业的创造》（2015 年，东京大学出版会）中的第 6 章"科学的风景"，那里面给出了具体的解释。

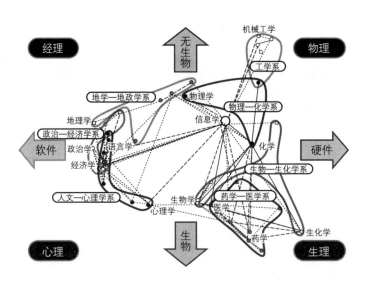

图 31　知识平面（学问的社会图谱）

知识平面的右上象限，长久以来都被作为时代主角的工学技术群体（机械工学和电子工学等）所占据，而右下象限则是今后硬件领域的主角——生物系学问（医学、药学、生理学、生物化学等）的天下。通过中间的"信息学",这两大自然科学群体与左半边的人文科学系统联系在了一起。IT科学作为信息学的具体形态之一,原本属于工学领域,它是以控制机械装置为目的而逐渐发展起来的一门技术。互联网将世界中的人、物和空间链接在一起,而云计算则成了支撑人类社会的基础设施。正如前文所说,由于信息非对称性的下降,我们的社会正朝着平面化发展。或许可以说,数字技术的威力正极大影响着左上象限中的社会科学领域,而这一领域所思考的问题是组织与社会的存在方式。

在图31中,右上象限的工学技术属于物体之理——"物理"的范畴,而右下象限则属于生命之理——"生理"的范畴。在生理的左侧,左下象限集结了与精神相关的学问——"心理"。也就是说,此图的下半部分是由控制人类硬件(右)与软件(左)的生理和心理范畴组成。左上象限集中思考了人类各种行为之间关系的社会科学学问,我们可以用"经理(日语词汇,财会之意)"一词来概括。"经理"从狭义上来讲是指计算、会计等工作,但是它本来也含有疏通、治理人际关系的意思。在这里,我们感兴趣的是,如何以这四点为大方向,来阐明推动世界不断进步的机制——"原理"。

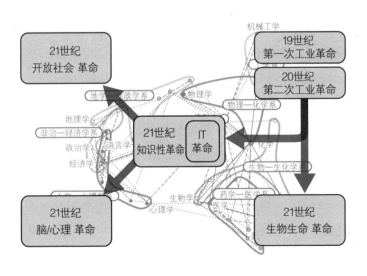

图32 从知识平面中看到的产业革命

同时发生在不同领域中的产业革命

在近代技术史上，能够被称为"革命"的大型创新活动只有两次。第一次是 200 多年前的第一次工业革命，也就是人们常说的"产业革命"。这一时期，蒸汽机成为英国维持"不列颠治世"繁荣景象的原动力。驱动纺织机运转的碳能源为英国带来大量财富，于是通过商船、军舰的频繁活动，英国成为世界的霸主。

100 多年后，也就是 20 世纪初，美国发动第二次产业革命。由于内燃机开始应用于家用汽车，电动机也被广泛应用在家电产品上，普通家庭迎来了"近代化"。随着电梯和水泵的普及，纽约和芝加哥出现了很多摩天大楼。曾经局限于 B2B（企业之间）之间的动力革命，逐渐应用到 B2C（从企业到客户），这可以说是第二次工业革命的特征之一。

虽然这两次工业革命都实现了技术方面的巨大飞跃，但是从"知识平面"的角度来看，它们都局限于右上的第一象限，也就是说，它们都是为了实现人类的"享乐"目标而产生的省力革命。换句话讲，它们不过是把肉体作业替换成机器作业罢了。这种作业起始于工厂、船舶等社会的基础设施领域。之后，逐渐扩展到家电产品等处于产业末端的日常生活场景中。这种发展趋势旨在进一步节省人力，特别是在人和物的移动场景以及劳动场景中。所以，今后这种类型的进步趋势仍将出现在我们的生活当中。

但是，这些改变都不过是定量的改善。尽管距离内燃机和马达出现已经过去了 100 多年，但是在产生动力的根本机制中，并没有发生创新。可以说，在这一领域中已经不太可能再有什么新的发现了。

既存技术从混合型走向生物系技术群

在上述四个象限（物理、生理、心理、经理）中，至今取得最多技术进步的领域就是物理的世界。化学工程学、机械工作技术和电子控制技术等以机械工程学为中心的技术体系，为我们今日的现代化生活做出了巨大的贡献。它们不仅帮助人类在生活中节省了人力，而且提高了生活的便利性。但是，这类技术的开发速度正在缓缓降低，目前已经基本处于停滞状态。

能够证明这一理论的最通俗易懂的例子就是关于摩尔定律的物理极限问题。目前，晶体管的微细化程度基本已经趋近极限。能够解决这一问题的对策就是实现晶体管的立体化发展。SiP（system in a package，系统级封装）是一种传送信息的方法，通过把极薄的芯片在纵向上多层叠加，就可以得到一个名为硅穿孔的方柱形物体，把这些方柱联结在一起，就能传递信息。可以看出，人们不再纠结于晶体管已经缩小到极限这一事实，而是采取了一种可以称之为古典派的手法，即让晶体管像高层大厦一样发展。因此，目前产业界采用平面方向与立体方向相结合的混合型技术来维持摩尔定律。即便是传统的技术，我们通过组合的方式也能让它再一次发光发热。从这个角度来看汽车的动力系统，混合动力车就是这种混合型技术的产物。也就是说，尽管内燃机和电动机的技术已经接近极限，但是通过把它们二者组合在一起，就能够得到更好的技术效果。只不过，虽说1+1＞2，但有很多例子显示，这也可能带来非常惨烈的负面效果。所以，维持两者相当于奇点的精确定位平衡是超越技术界限的前提。

在动力系统中，除了混合动力车以外，还有电动自行车和动力服等混合型驱动产品。此外，燃气蒸汽联合循环发动机组也是由燃气轮机和蒸汽轮机组合而成。在塑料的结构材料方面，由于已经没有再出现新型的工程塑料，行业内部不得不向由多种材料混合而成的纳米复合材料寻求出路。在信息传输领域，人们也希望能够通过同时操作多个频率的MIMO（multiple-input and multiple-output，多入多出技术）和多重路径传输等混合型技术来打破行业的极限。如此，在诸多技术领域中，人们都期待能够通过既存基础技术的最佳混合，来延长已达到极限的技术生命。但是，我们不可忘记，总有一天这种方式也会达到一个相应的极限。

另一方面，正如序章后半部分曾经讲到颠覆未来的"异技术"领域一样，一旦对元粒子进行操作的超级技术真正实现应用，那么从前与"物理极限"有关的问题都将迎刃而解。通过核聚变和量子计算机，人类就能掌握近乎无限的能源和超级计算能力。所以，在未来世界中，我们可以借助超导线和量子通信来实现大量无损的数据通信。但是，何时才能实现这些超级技术仍是一个未知数。在这种状态下，一个埋藏在两者之间的新方向悄然登场，那就是"从生物中进行学习"的技术群体。

在能源领域中，出现了一种名为生物质的技术，它并不是指传统的对间伐材料的利用，或是用下水污泥中的甲烷、天然气来发电。它是一种高科技的生物能源，就像是通过基因改良的微细藻类物质。目前，这种技术已经基本成熟，马上就可以实现应用。在计算机领域，使用神经网络算法的深度学习已经成为该领域今后继续成长的关键。在上述回路的微细加工方面，该领域也正以孔版油印（Risograph）这种自上而下的方式迎来技术极限，所以，人们对采用了在生物界中广泛存在的自我组织化装置的自下而上型的加工方式抱以较高期待。

以下，笔者总结了在自然科学技术开发领域中比较大的变化趋势。相对于趋近饱和的传统机械工程学中的基础技术来说，（1）目前，人们仍将长期处于对保持最佳混合平衡的混合型技术的摸索阶段；（2）与此同时，目前也出现了另一种发展趋势，即人们开始依靠一种新的设计思想（也被称为生物模拟学）来寻求活路，这里指的是利用生物或模仿生物生存机制的办法；（3）在遥远的未来，人们热切期待的核聚变和量子计算机等元粒子技术终将会成为现实。

价值的创造源从自然科学转向人文社会科学领域

今后，"生命体"的技术领域将为我们带来持续的硬件创新。也就是说，时代的主角将从知识平面的右上象限转移到右下象限。在能够产生附加价值的硬件材料中，水泥、铁和硅等无机物将从主角的位置下来，取而代之的是蛋白质、核酸等有机高分子生物材料。

但是，右下象限中技术开发的主要动机是实现"人类的健康长寿"，这与右上象限的开发动机截然不同。右上象限技术的发展目标是实现省力、便利的人类生活，所以其中的技术可以在多种版本的产品和服务中得到广泛的应用。但是，右下象限中的技术，基本只能在医疗健康、农业和能源等方面得到应用。

与此同时，由于科学整体的重心开始从硬件向软件转移，在知识平面中，我们也可以观察到知识中心正在从右向左发生偏移。当初，为了"控制"机械装置，我们曾经非常重视晶体管。如今，晶体管的重要性已经开始显现在其他更为广阔的天地中。目前，晶体管不仅对人类的交流方式和思考形态产生了影响，它也成为支撑信息社会发展的重要基本元件。

眼下，数字化的潮流已经波及电力和都市空间，我们生活中的所有事情也都实现了数值化、可视化操作，IoT（物联网）、大数据的世界正在逐步扩张。如今想来，获得2000年日本年度流行语第一名的"IT革命"一词已经显得非常陈旧，或者可以认为，我们已经切身体会到了真实世界和IT世界的融合。

在本书第4章的"真实与虚拟互动"和人类"超人化"中，笔者已经详细阐述了人工产物正在向人体这片未知大陆步步逼近的时代趋势。为了剖析人类的内心世界，人工产物已经出现两种作战方式。它们分别是：统计、解析行动标签的"间接法"——采样分析，和类似神经市场那样的"直接法"——针对脑电波等生命体信号的翻译技术。

到目前为止，信息处理的计算能力这种人工产物正在一步步靠近知识平面中的左下象限，而这一区域则被包括心理学家、哲学家、占卜师、宗教学者、文学家和艺术家等心灵专家们的洞察能力和灵感所掌管。人类大脑所感知到的东西，正在逐渐被脑部活动解析技术所破解，这里面的技术包含基于大数据的统计处理和BMI（脑机接口）等手段。从知识平面的角度来看，近代科学正在逐步入侵长久以来未被人工产物所触碰的领域——左下象限的感性领域，而这就是"大脑/心理的革命"。换句话说，追求顾客满意度的"服务产业革命"已经开始了。

大脑本是人类专属的东西，而现在的技术能够推算出大脑所思考的内容，这就意味着从政治关系到人类关系，在这些场合中，科技都已经占据了优势地位。并且，科技的动机十分明确，相应的预算也非常充足。

那么，出现在知识平面中间部分的"智慧革命"现象，又会为最后一块留存的净土——左上象限，即社会科学领域带来怎样的影响呢？答案就是"开放革命"。随着社会的开放，它基本已经变成一个平面，而信息则可以在这个平面上自由移动。

在信息通信的世界中，伴随着波段传播环境的日渐充实，我们已经能够确切地感受到所谓"虚拟"这种手法的力量。从 CPU（中央处理器）和储存器等硬件资源到应用、OS 操作系统等软件，比起把所有的信息资源都掌握在自己手中，不如将它们保存在网络中的某一虚拟位置，这样在必要的时候就可以随时对它们加以利用，同时，也极大提高了生产率。无论在成本、更新还是安全方面，我们越来越认识到，按自己的需求对虚拟化的数据进行使用，才是最佳方案。

2000 年，随身听被苹果的"iPod"碾压，惨烈的场景至今仍历历在目。如今，Linux 系统、安卓系统、维基百科、SNS 和云服务等开放式商业模式如雨后春笋般接连出现，并向人类发起快速进攻。虚拟化的概念虽来源于网页，但目前它已经得到全人类的认可，在真实的世界中，我们已经不能再忽视它的存在。

在真实的世界当中，"出租"和"共享"这两个词正向我们扑面而来。在物的领域，有共享汽车与合租出现；在人的领域，有自由职业者和非正式雇佣的出台；若说到商业领域，那就不能忘了信托服务和 BPO（业务流程外包）。以上无论哪一种商业模式，都是一种认为拥有不如利用的思考方法，也是虚拟化经济的一种真实形态。

如果说从云计算发展而来的"云服务"一词中包含了信息技术的影响，那么像"众筹（crowdfunding）"和"众包（crowdsourcing）"这种有关资金与人才调配的话题，则属于出现在社会科学领域的专业用语。前者的"云（cloud）"，就是直接利用了云彩好像覆盖在什么东西上一样的隐喻；而后者的"众"，则是对"crowd（人群）"一词运用了修辞学的手法。在对人、物、金钱和信息进行调配的所有场景中，如今我们都要加上一个"云或众（两个词在日语中发音相同）"。这说明，资源调配的渠道变得更宽、更丰富了。

如果连接登场人物的"水管"直径变得更宽（像波段传输那样），那么他们各自所持有的资源就能相互调配。这样，只要打开水龙头，我们就能灵活自如地掌控资源。如今，这种虚拟化的资源体系已经出现。这就意味着"开放化的社会革命"开始了。因此，正如"工作方式变革"中所说的那样，被传统保护的不合理权威已然解体，人和社会的等级结构也变成了平面的形式。通过共享，人们也越来越意识到，只有具备多样性的组织才拥有更高的创造力。今后，人们在组织管理中所面对的问题是：到底什么样的智慧才能保证，无论人和物的往来有多么频繁，这个过程始终都能顺利地进行？

信息流通的结果——社会组织扁平化

现在，几乎所有场合中的组织都在趋于扁平化发展。从父亲的权威到男性的体面，从年长者的威严到上司的矜持，这些并不具备合理说明的权利已经全部丧失了威力。在如今的社会中，人们会对权威的理论性根据刨根问底。

其中原因，就在于信息的非对称性体系已经崩塌。过去，拥有权威的权力既得者会建立一个排他性的集体，并只在这个团体中分享秘密信息。这种团体的壁垒不仅强化了权力者的自我立场，也持续守护了其权威。

然而，由于人、物、金钱和信息的流通速度发生了飞跃性的提升，想要在哪个小团体里守住信息，已经变得非常困难。超越了企业和国境界限的无数个大脑正在飞速运转，保守秘密就更是不太可能的事情了。

此外，只要点击一下鼠标，信息传输的波段就会像年份一样增加一个单位。信息已经无法隐藏。一旦长久以来隐秘的内幕曝光于众，此前被人称为"先生（日语词汇，老师的意思）"的人群就会丧失自己的立场，这里面就包括政治家、医生、律师和宗教学家等。以医生的情况为例，在手术前，患者有知情同意权，要求医生告知病情和后续具体疗法，在医生给出自己的意见后，他必须经过第二意见的考验，即除主治医生以外，还必须参考其他医生的意见。目前，医学界的最高峰——美国约翰·霍普金斯大学医学院，就可以为其他地方送来的电子病历提供第二意见，即"远程医疗服务"。可以说，这种结构的服务正在向所有场景中渗透。所以，我们会看到在有些家庭中，家长的权威已经消失，家长与孩子正以朋友的模式相处。而在职场中，不能熟练使用手机应用的上司可能还要看下属的脸色。偶像的席位也要通过总选举来决定。曾经高不可攀的偶像，如今成为粉丝花力气培养的对象，也就是说，偶像的培养模式变成了从下到上型。无论是企业组织也好，行政组织也好，今后它们都将朝着扁平化模式进一步发展。

开放革命——终极大佬的登场

上述笔者已经谈了很多，但是目前发生的最重要的社会变化，既不是资源的枯竭，也不是少子老龄化，当然更不是生物技术和信息技术的革新。最重要的是与人际关系有关的巨大革命——开放社会的到来。这项革命正在逐步入侵知识平面中的左上象限。换句话说，产业革命正在走进社会科学领域。

在这里，笔者想重申，如果从三种科学（自然科学、人文科学和社会科学）的角度来看智慧的整体面貌，就会发现：过去，由蒸汽机、引擎和马达所引领的产业革命，不过是局限于四个象限中第一个初级领域的变革罢了。或者说，它只是一场减少肌肉负担的省力革命。

今后，在硬件世界中，创新的主战场将逐渐转移到右下象限的生命体材料中。同时，价值的主要来源也将变成知识平面中的左半部分——软件领域。上一次的 IT 革命，曾经以信息工程学这个工学系的入口为切入点，只在 IT 界引起变革。今后，新的革命将一边探寻它与人类的大脑的接点，一边向左下象限移动，最终，就会发生一场"大脑/心理服务革命"。

之后，这场革命带来的冲击将会波及最后的阵地——左上象限领域。在那里发生的巨大变化应该叫作"组织与社会的开放革命"。如果人与世界之间能用更粗的"水管"连接起来，那么新型社会就将诞生。在人、物、金钱和信息高速移动的社会中，资源的虚拟化和按需响应的机能化进程将如宿命般继续发展，所有的社会活动生命周期也将随之缩短。

可以认为，今后，产业革命将在许多领域同时发生，人类也将迎来一个大变革时期。过去的两次产业革命，曾引起了不列颠治世和美利坚治世这种影响人类文明兴亡的巨大变化。而今后的产业革命，将同时在剩下的三个领域中一齐发生，产生更为深远的影响。说来也巧，我们居然生活在一个历史即将发生剧变的时代。

好奇心——位于人类智慧中枢的资本材料

工学技术的进步从未停止。以前，它能帮助人类减少肌肉的劳动，如今，它甚至能够辅助人类的感觉器官和大脑的机能进行运作。而伴随着生理学技术的进步，逐渐产生了染色体治疗法和再生医疗等医疗手段。接下来，也许技术就能帮助人类改变生命，甚至重生。寿命可以得到无限延长，肉体殒灭后，其人格还能在网络上作为化身继续存在。人类的身体和心灵正一步步向异次元进化，今后，人类又该寻求些什么呢？

在展示各学科关系的"知识平面"图中，"信息学"处于最中心的位置。对于这张图上的其他学问来说，信息学就是与所有学问都保持着密切联系的中枢。所谓的信息学，其实含义比较模糊，对不同的人来说也有不同的含义。技术者认为它是采用科学计算的信息工程学。他们的目标是完成人工智能，或是到达技术奇点。在生理学领域中，提到信息学，从业人员会想：即便是生物的身体或者硬件，到头来也不过是一堆 DNA 的核酸序列信息。如果把 DNA 画成一张设计图，就会发现它不过是由四种核酸组合在一起的东西，其中包括 A（腺嘌呤）、G（鸟嘌呤）、T（胸腺嘧啶）和 C（胞嘧啶）。而作为一种硬件模块发展起来的诱导性多功能干细胞（iPS 细胞），其中的关键因素也只有四种在日本被称为山中四因子的基因（Oct3/4、Sox2、Klf4 和 c–Myc）而已。

在社会学领域中，信息学指的是操纵大众媒体等的传媒学和调配金钱这种信息流通的经济学。而从人文科学者的角度来说，信息学则是语言及编辑语言的文学，或者是思考音乐、绘画等信息内容和心灵关系的认知心理学。

无论在何种领域中，信息就是人类和人类的活动本身，是无限接近哲学中所谓存在意义的。它就是一个应该处于中心位置的广义概念。

各行各业的学者都在为了解开世界之理而兢兢业业。如果用"理"字来表现物理、生理、心理和经理的中心思想，那么也许"原理""穷理"或"总理"是最合适的词汇。这里的"穷理"，意味着"想要解开森罗万象的机制"，是一种对知识的好奇心和探求欲。

对看见的东西、触碰到的东西都要问一个"为什么""这是什么样的机关"，正是这种像孩子一样的好奇心，才生出了各种各样的学问和其成果——人工产物。而这种想要了解事物背后机制的好奇心，也许才是一直欺骗着人类进行大脑活动的终极神秘之处。无论是什么领域的学者，他之所以能够一直坚持着自己的研究，就是因为从心底涌现出来的这种好奇心。名誉、社会地位、特权和版权收入等现实利益当然也很重要，但是究其根本，还是"因为喜欢才研究的"。因此，一个社会越是富足，它越会对拥有特殊才能的人群致以崇高的敬意，并为他们提供充足的研究预算和相应的社会地位。

从这个意义上来说，从国民和员工身上寻找、培养优质的好奇心，并把它变成具有价值的成果，才是本书的主题——未来经济的关键之处。在极度追求创造性的知识社会中，人才管理是决胜的法宝。与体力劳动不同，在优秀的脑力劳动中，1 个人可能在瞬间就能完成 1000 人的工作成果。换句话来讲，好奇心管理才是未来经济的源头。

我们经常听到，在企业的人事教育部门和用人部门当中，最难培训的资质就是好奇心。与录用后进行的员工培训不同，最单纯的兴趣与好奇心并不是后天培养出来的。这里所说的好奇心并不是指单对某一专业领域感兴趣，而是说一个人对世界整体持有一种全局观念，并保持着最质朴的好奇心。针对这一点，目前只能由企业在面试时就挑选出合适的人才，后期的培训是不可能达到这种效果的。也许，这种好奇心是一种超级知性的能力，它的形成受到家庭环境和情操教育的极大影响。在商业资源按需调配的开放社会中，"好奇心"将会作为一种资本材料浮出水面。而知识平面图中的核心，也正是这种好奇心。